汉字从哪里来

——从甲骨文说起

第十一级

王本兴/著

海峡出版发行集团
THE STRAITS PUBLISHING & DISTRIBUTING GROUP
福建教育出版社

图书在版编目（CIP）数据

汉字从哪里来：从甲骨文说起．第十一级/王本兴著．—福州：福建教育出版社，2025.1（2025.3 重印）
ISBN 978-7-5334-9972-3

Ⅰ.①汉…　Ⅱ.①王…　Ⅲ.①甲骨文—少儿读物
Ⅳ.①K877.1-49

中国国家版本馆 CIP 数据核字（2024）第 100298 号

策划编辑：雷　娜
丛书编辑：朱蕴茝
责任编辑：雷　娜
封面设计：季凯闻
版式设计：邓伦香

Hanzi Cong Nali Lai
汉字从哪里来
——从甲骨文说起　第十一级
王本兴　著

出版发行　福建教育出版社
（福州市梦山路 27 号　邮编：350025　网址：www.fep.com.cn
编辑部电话：0591-83763280
发行部电话：0591-83721876　87115073　010-62024258）
出 版 人　江金辉
印　　刷　福建新华联合印务集团有限公司
（福州市晋安区福兴大道 42 号　邮编：350014）
开　　本　787 毫米×1092 毫米　1/16
印　　张　9.25
字　　数　136 千字
版　　次　2025 年 1 月第 1 版　　2025 年 3 月第 2 次印刷
书　　号　ISBN 978-7-5334-9972-3
定　　价　48.00 元

如发现本书印装质量问题，请向本社出版科（电话：0591-83726019）调换。

前　言

小朋友，你知道今天的汉字，是从哪儿来的吗？——是从甲骨文演变、发展而来的。

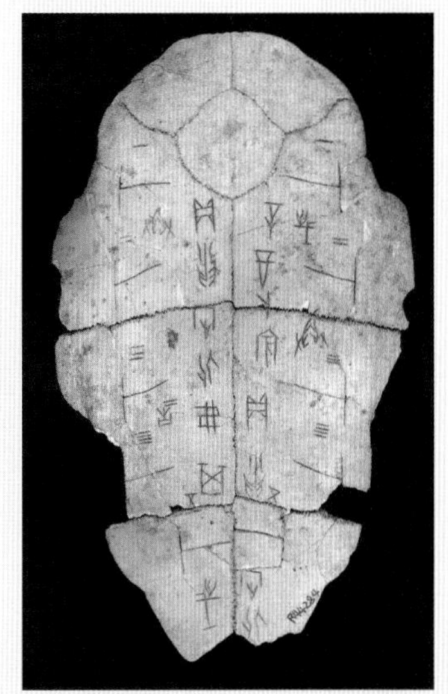

龟甲上的文字

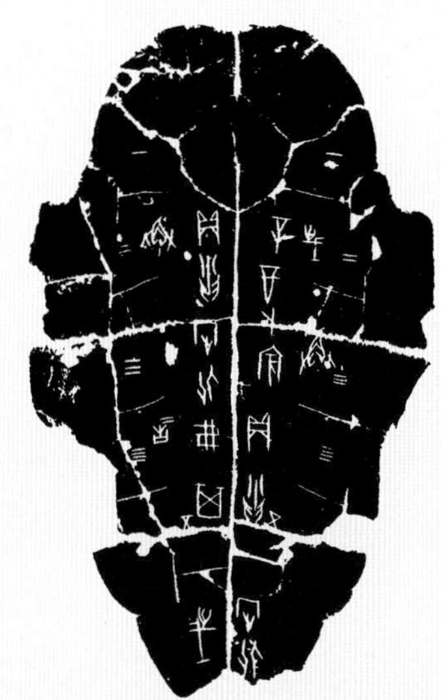

龟甲上的文字拓片

甲骨文是什么朝代的文字？离今天有多少年了？——甲骨文是中国殷商时代的文字，是中国最早、最古老的文字，距今已有三千多年了。这些文字用刀刻在龟甲、牛骨等兽骨片上面，所以称为甲骨文。

兽骨上的文字

兽骨上的文字拓片

时代变迁，甲骨文被深深地埋在地下。1899 年有个叫王懿荣的人首次发现了甲骨文。

甲骨文在什么地方出土？人们已经认识了多少甲骨文字呢？——甲骨文是在现在的河南省安阳市小屯村殷墟发掘出土的。经过许多专家的研究分析，目前认识确定了 1400 多字。

河南安阳殷墟甲骨文博物馆

学甲骨文难吗？小朋友能学习甲骨文吗？——能！事实证明，今天成熟的汉字是个“美男子”，他在三千多年前孕育，后在殷商时代诞生。从“辈分”上看，甲骨文是汉字的“少儿期”，少年儿童学“少儿汉字”最适合不过了。小朋友们，你们一定会喜欢甲骨文，一定会学好甲骨文的，加油！

小朋友，另想说明一下:《汉字从哪里来》参照小学《语文》课本，从识字表、写字表及课文里选取文字，汇编为 12 级（册），每级 70 个字。每个字都有宋体、拼音、来历、成因、字性、本义、现代含义、词语、成语、拓片、书写笔顺等元素。一字一图，以图识文，以文寓图，图文并茂，简明扼要，突出了汉字的图画性、象形性与趣味性。还带有该甲骨文字的篆刻或书法作品，有助你开启书法篆刻艺术之门。可以说，每个字，形、音、义齐全，书、诗、画、印皆有，对心灵的文化熏陶与学习，对艺术的熏陶与传承，会有很大裨益。很适合你求进学习！

王本兴

戊戌年秋于南京凤凰西街 59 号四喜堂

目 录

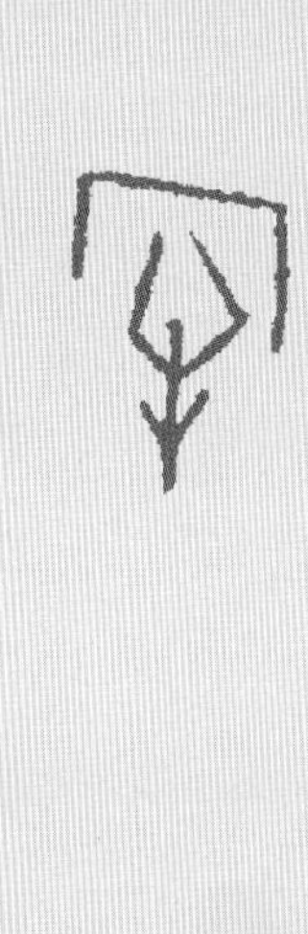

sè
涩

甲骨文“涩”字写法

甲骨文“涩”字，从三止，像脚之形。可会受阻难以前行、不通畅之意。属会意字。

本义指不通畅。后来也解释为不光滑、说话迟钝、文章难读懂等。

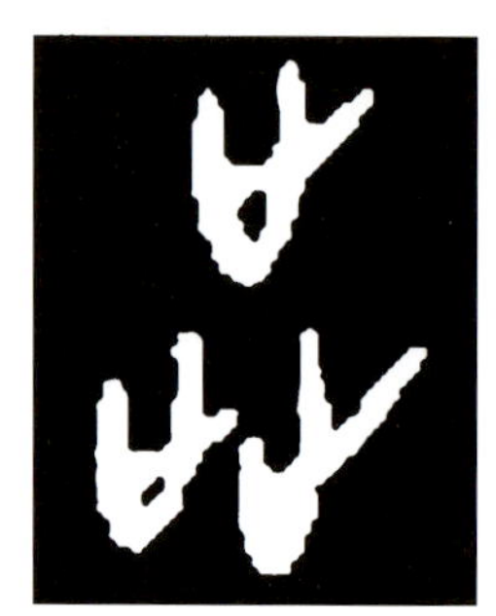

甲骨文“涩”字拓片

甲骨文“涩”字书写时，从上至下、从左往右顺序而书。

读一读

艰涩、干涩、生涩、才短思涩、艰深晦涩。

青涩少年
（甲骨文书法）

拓展阅读

相和歌辞·塘上行

［唐］李贺

藕花凉露湿，花缺藕根涩。
飞下雌鸳鸯，塘水声溢溢。

橄榄——入口苦涩，回味甘甜

囊中羞涩
（甲骨文篆刻）

ěr
尔

甲骨文“尔”字多种写法

甲骨文“尔”字，独体构形，其中冂（jiōng）部及中竖表示茎和枝，左右短斜画表示叶与花。“尔”由三枝花草构成，中有主枝，形容花草繁茂的样子。属象形字。

本义为花叶繁茂华丽。后来解释为这、如此、你、你们等。

甲骨文“尔”字拓片

甲骨文“尔”字书写时，先写冂部，再写中长竖，最后从上至下、从左往右写完短斜画。

读一读

偶尔、尔后、尔等、卓尔不群、出尔反尔、温文尔雅、尔虞我诈。

拓展阅读

“出尔反尔”成语故事

“出尔反尔”源自《孟子·梁惠王下》：“出乎尔者，反乎尔者也。”这句话的意思是，你怎么对待别人，别人也会怎么对待你。

战国时期，邹国与鲁国发生战争，邹国战败，损失了许多士兵，但由于邹国的官吏搜刮、残害百姓，以致没有一个百姓肯去救他们。邹穆公非常愤怒，询问孟子，百姓袖手旁观，应该如何处理他们。孟子建议邹穆公实施仁政，以赢得民众的支持和忠诚。

后来，这个成语被用来形容一个人言行前后矛盾，反复无常。

温文尔雅的孔子

不过尔尔
（甲骨文书法）

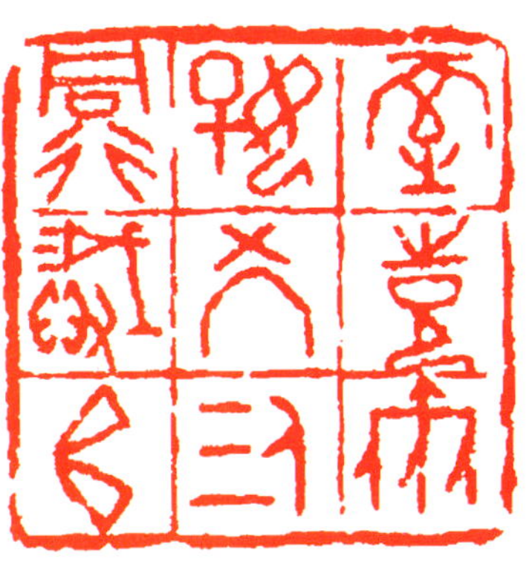

一室之邑尔好学
三人同行我得师
（甲骨文篆刻）

zhuāng
妆

甲骨文“妆”字多种写法

甲骨文“妆”字，从女，像跪坐之状的女子。从爿（pán），像床形，这里作标声。可会女子起床后梳妆打扮的意思。属会意形声字。本义为化妆、打扮。后来也解释为女子身上的装饰、嫁妆等。

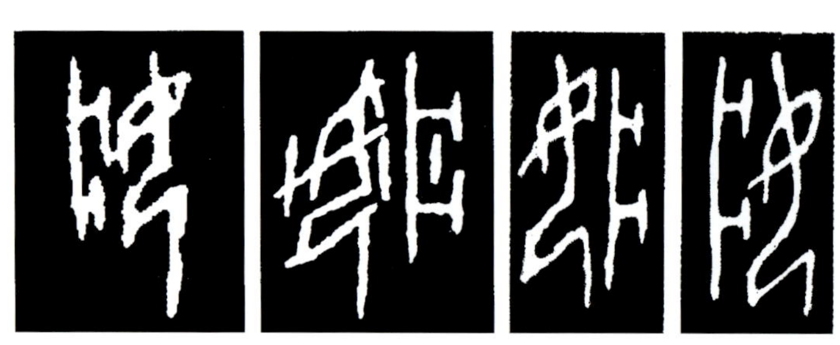

甲骨文“妆”字拓片

甲骨文“妆”字书写时，先写女部笔画，再写爿部笔画。

读一读

妆扮、妆饰、素妆、面妆、淡妆浓抹、梳妆打扮、衣妆楚楚。

容华本南国　妆束学西京

（甲骨文书法）

拓展阅读

海　棠

［宋］苏轼

东风袅袅泛崇光，香雾空蒙月转廊。
只恐夜深花睡去，故烧高烛照红妆。

粉妆玉砌的世界

新妆

（甲骨文篆刻）

bān
般

其他读音：pán，bō

甲骨文“般”字多种写法

甲骨文“般”字，合体构形。从凡，像侧立的圈足盘之形，制盘时需旋转陶坯，故“般”有旋转之意。从殳（shū），像持制盘工具之形。可会手持工具转动陶坯制作圈足盘之意。属会意字。

本义为旋转。后来解释为类、一样的等。

甲骨文“般”字拓片

甲骨文“般”字书写时，从左往右顺序而书。

读一读

般配、万般、诸般、一般见识、一般无二、两般三样、百般刁难。

拓展阅读

玩迎春花赠杨郎中

［唐］白居易

金英翠萼带春寒，黄色花中有几般。
凭君与向游人道，莫作蔓菁花眼看。

可见一般
（甲骨文书法）

翡翠般的湖泊

般若
（甲骨文篆刻）

kòu

甲骨文“扣”字多种写法

甲骨文“扣”字，合体构形。从又，像手形；从口，或从“○”形，义同，皆是玉珏之形。可会把玉珏套在手指上之意。属会意字。

本义指把玉珏套在手指上。后来也解释为连接、绳结、紧贴、扣留等。

甲骨文“扣”字拓片

甲骨文“扣”字书写时，先写口部笔画，再写又部笔画。注意口部笔画稍小一些，又部笔画可写得稍大一些。两者顾盼呼应，生动多姿。

读一读

扣留、扣除、扣押、扣球、折扣、不折不扣、丝丝入扣、七折八扣、乱扣帽子。

拓展阅读

“扣槃扪烛”成语故事

一个天生失明的人不知道太阳是什么样的，有人告诉他太阳像铜盘，他通过敲击铜盘来感知其声音。后来他听到钟声时，就认为那是太阳的声音。之后又有人告诉他太阳的光芒像蜡烛一样，他通过触摸蜡烛来感知其形状。一天，他摸到了乐器籥（yuè），就认为那也是太阳。这个成语通常用来形容那些对事物只有表面了解，而没有深刻理解的人。

环环相扣
（甲骨文书法）

衣襟上的盘花扣

扣人心弦
（甲骨文篆刻）

其他读音：pō

甲骨文“泊”字写法

甲骨文“泊”字，从水，像水流之形；从白，原指米粒，这里作标声。表示停船靠岸之意。属形声字。

本义指停泊。后来也解释为停留、恬静、湖泽等。

甲骨文“泊”字拓片

甲骨文“泊”字书写时，先写水部曲画，注意要顺畅委婉，圆转自然。再写白部笔画，注意对应的曲折之画要方中寓圆，圆中带方。

读一读

停泊、漂泊、泊车、湖泊（pō）、淡泊名利、东飘西泊、漂泊无定。

拓展阅读

“非淡泊无以明志，非宁静无以致远。”这句出自诸葛亮五十四岁时写给他八岁儿子诸葛瞻的《诫子书》。但这不是诸葛亮的原创，而是出自《淮南子·主术训》：“是故非淡泊无以明志，非宁静无以致远。”意思是：不恬静寡欲就无法明确志向，不排除外来的干扰就无法实现远大的理想。

泊秦淮
（甲骨文书法）

移舟泊烟渚

气有厚泊
（甲骨文篆刻）

yùn
孕

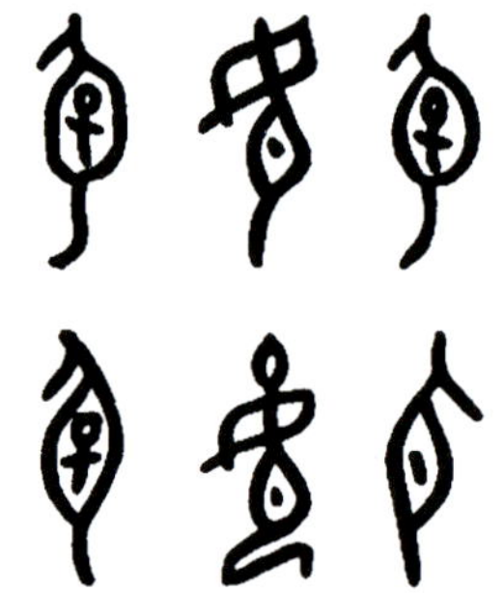
甲骨文“孕”字多种写法

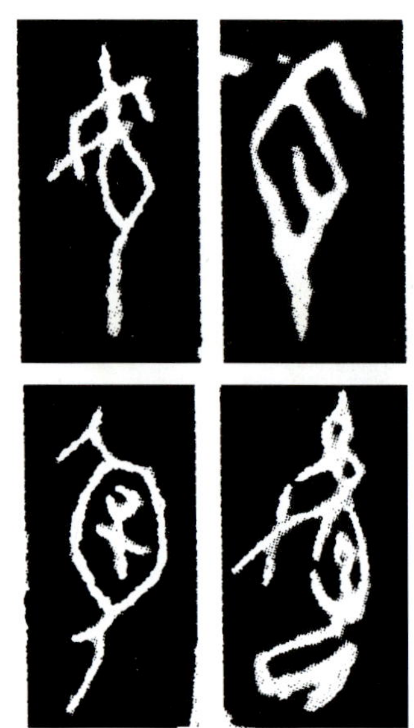
甲骨文“孕”字拓片

甲骨文“孕”字，似腹部隆起的人形，腹中有子，表示怀孕。属会意字。

本义为怀胎。后来也解释为身孕。

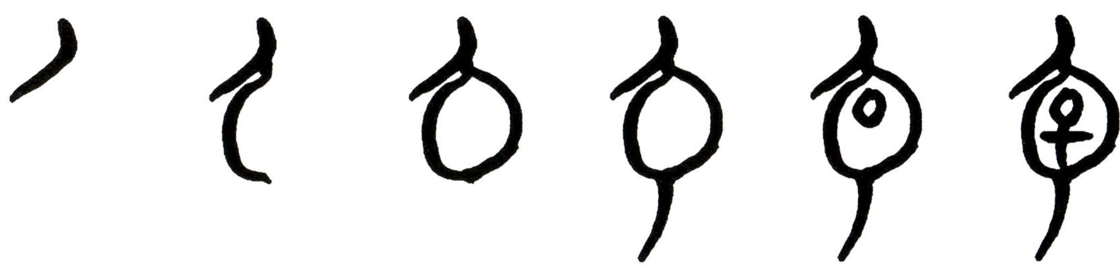

甲骨文“孕”字书写时，从上至下、先外后里顺序而书。甲骨文“孕”有多种写法，可参照所附图例与拓片。注意要屈曲自然，圆转委婉，形态结体要匀称得体，避免拥挤。

读一读

孕妇、孕期、蚌孕双珠。

孕穗期

珍珠——唯一由生命体孕育的宝石

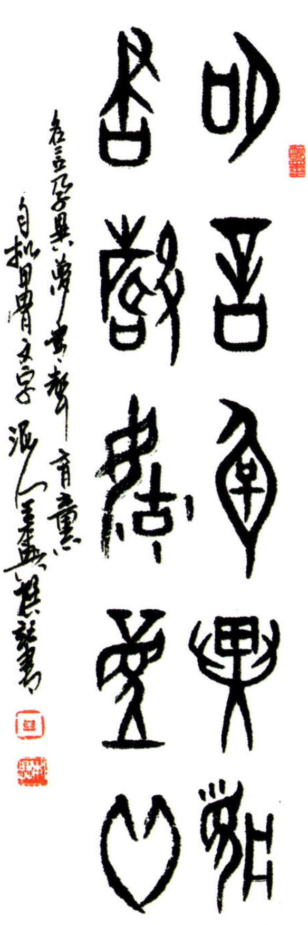

名言孕异梦　书声育童心

（甲骨文书法）

孕育

（甲骨文篆刻）

zhòu
昼

甲骨文“昼”字多种写法

甲骨文“昼”字，从聿，像手抓毛笔之形；从日，像太阳之形。可会手持毛笔画出太阳，以表示白天之意。属会意字。

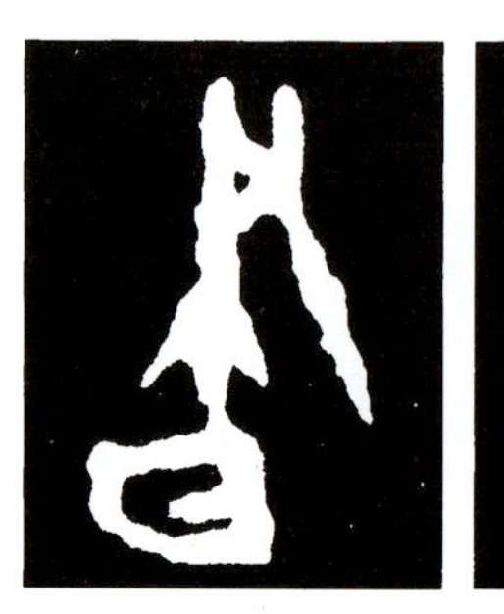

甲骨文“昼”字拓片

甲骨文“昼”字书写时，从上至下顺序而书。

读一读

昼分、极昼、昼夜兼程、昼夜不息、不舍昼夜、昼想夜梦。

拓展阅读

“昼耕夜诵”成语故事

这个成语来源于《魏书·崔光传》：“家贫好学，昼耕夜诵，佣书以养父母。”崔光家庭贫穷但仍然努力学习，他在白天种地，晚上读书，以此来供养他的父母。常用来形容人读书非常勤奋。

月明如昼
（甲骨文书法）

昼伏夜出的动物

昼伏夜出
（甲骨文篆刻）

mù

穆

甲骨文“穆”字多种写法

甲骨文“穆”属象形字，从禾，像禾上长有丰满的谷穗，其谷粒饱满，穗大下垂。

本义指成熟的禾苗庄稼。后本义废，现在解释为温和、恭敬等。

甲骨文“穆”字拓片

甲骨文“穆”字书写时，先写代表果实的笔画，再写中间的弯竖画与左右斜直画，亦可顺序而书。注意圆曲自如，斜竖直画要挺拔而有力度。

读一读

静穆、肃穆、穆然、穆如清风、落落穆穆。

静穆的夜空

拓展阅读

春词·其十六

［宋］毛滂

穆穆清光外，葱葱佳气中。
云天看斗柄，寰海受和风。

庄严肃穆的纪念碑

穆如春风
（甲骨文书法）

和穆
（甲骨文篆刻）

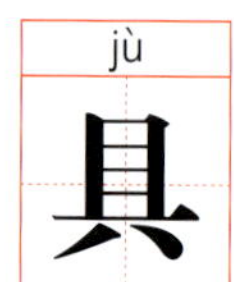

甲骨文“具”字多种写法

甲骨文“具”字，从鼎，像鼎之形；从二手，像两手形。表示用两手握住鼎，可会放置之义。属会意字。

本义为放置器具。后来也解释为用具、备、才能、陈述、具备等。

甲骨文“具”字拓片

甲骨文“具”字书写时，先写鼎部笔画，再从左往右书写代表手的又部笔画。注意又部与鼎部要写得协调呼应，灵动活泼。

读一读

具体、具备、具名、工具、道具、用具、模具、匠心独具、独具慧眼。

猜一猜

高高四层楼，耸立在空中。

（打一字）

狐狸戴面具。

（打一成语）

重阳有佳节　具物欣年丰

（甲骨文书法）

永定土楼——别具一格的建筑

文具

（甲骨文篆刻）

shǔ
黍

甲骨文“黍”字多种写法

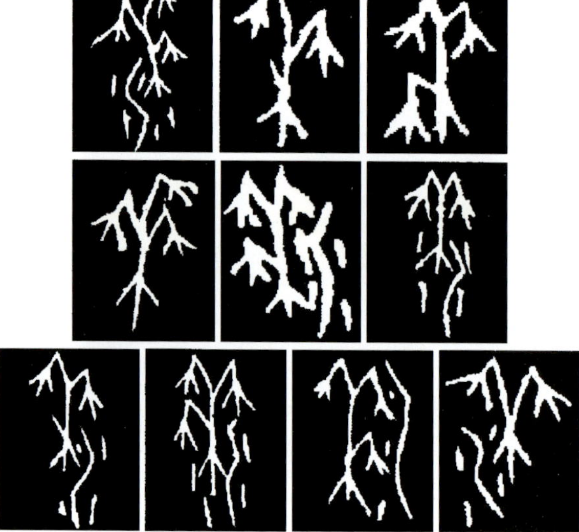

甲骨文“黍”字拓片

甲骨文“黍”字，像一株黍子形。从水，像水流之形，或省，或不从水，作小点表示水滴。属象形会意字。意思是黍子。

书写时从上至下，从左往右顺序而书。甲骨文“黍”字写法较多，可参照所附图例与拓片。

读一读

黍米、黍苗、不差累黍、故宫禾黍。

拓展阅读

过故人庄

［唐］孟浩然

故人具鸡黍，邀我至田家。
绿树村边合，青山郭外斜。
开轩面场圃，把酒话桑麻。
待到重阳日，还来就菊花。

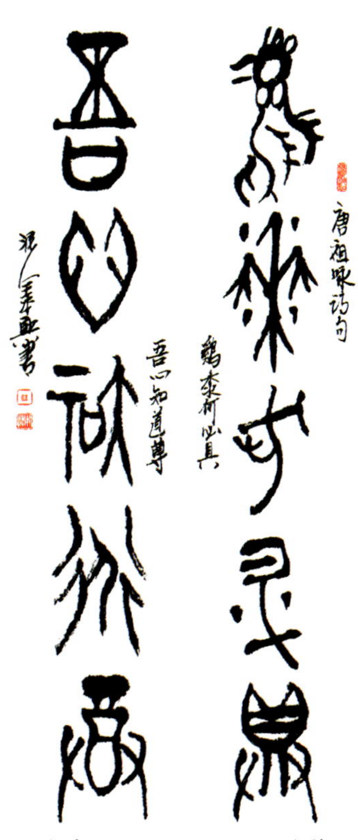

鸡黍何必具　吾心知道尊
（甲骨文书法）

黍子

黍米酒
（甲骨文篆刻）

甲骨文“历”字多种写法

甲骨文“历”字，从止，像脚形；从秝（tì）或从林，像整齐的禾苗或树木形，兼表声。可会从禾苗中走过之意。

本义是指经过。后来也解释为各个、一个一个地、亲身经历的事等。

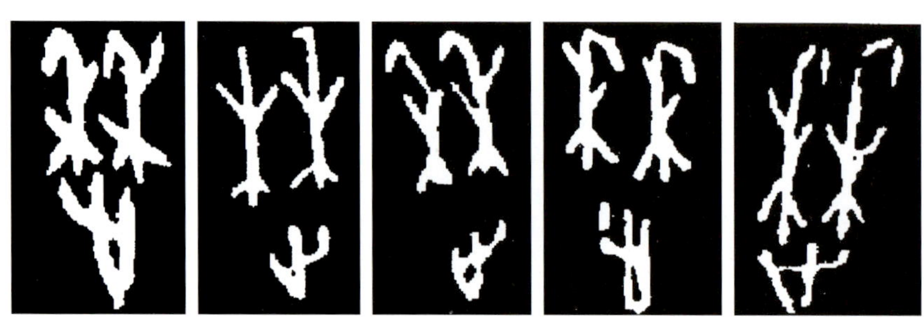

甲骨文“历”字拓片

书写时从左往右、从上至下顺序而书。甲骨文“历”字写法较多，可参照所附图例与拓片。

读一读

历代、历程、经历、来历、阅历、游历、历尽沧桑、历尽艰辛、历久不衰。

拓展阅读

农历是一种阴阳合历，其基础历法规则融合了阴历和阳历的特点。

传说，农历的来历可以追溯到中国古代的夏朝，它以月亮的运行周期为基础，将一年分为12个月，每个月的长度为29或30天，因此一年的长度为354或355天。农历的年长度与太阳回归年（大约365.25天）不完全一致，因此需要通过设置闰月来调整，以使平均历年与回归年相适应。

历历在目
（甲骨文书法）

以雕刻再现历史

历史学
（甲骨文篆刻）

甲骨文“律”字写法

甲骨文“律”字，从彳，像人行道口；从聿（yù），像手持笔书写之形。可会执笔书写法令之意。属会意字。

本义为执笔书写法令。后来解释为法律、规律、约束等。

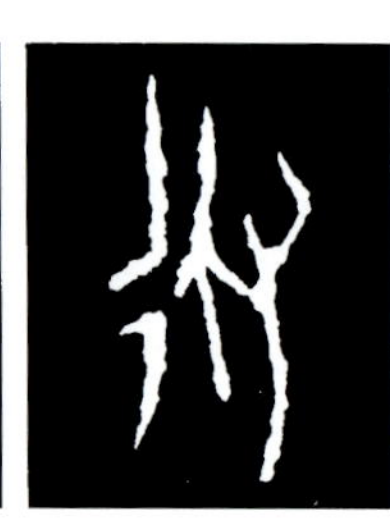

甲骨文“律”字拓片

甲骨文“律”字书写时，从左往右顺序而书。

读一读

律条、律动、纪律、旋律、千篇一律、严于律己、金科玉律、清规戒律。

拓展阅读

风中琴

［唐］卢仝

五音六律十三徽，龙吟鹤响思庖羲。
一弹流水一弹月，水月风生松树枝。

12345679×1×9=111111111（9个1）
12345679×2×9=222222222（9个2）
12345679×3×9=333333333（9个3）
12345679×4×9=444444444（9个4）
12345679×5×9=555555555（9个5）
12345679×6×9=666666666（9个6）
12345679×7×9=777777777（9个7）
12345679×8×9=888888888（9个8）
12345679×9×9=999999999（9个9）

有趣的规律

克己自律
（甲骨文书法）

律师
（甲骨文篆刻）

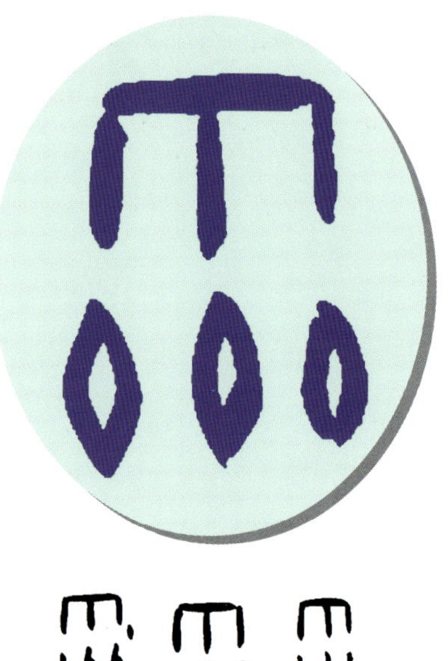

甲骨文“雹”字多种写法

甲骨文“雹”字，上部从雨，下部的小圆圈像冰雹的形状。可会天上下冰雹之意。属象形字，意思是冰雹。

甲骨文“雹”字拓片

甲骨文“雹”字书写时，先写雨部笔画，横长竖短，注意相互间的距离。再写代表冰雹的小圆画，有的呈橄榄形，略带小柄。注意各自的错落与变化。

读一读

雹形、雹灾、雹子、飞雹、陨雹飞霜。

拓展阅读

乙酉六月十一日雨（节选）

［金］元好问

一旱近两月，河洛东连淮。
骄阳佐大火，南风卷黄埃。
草树青欲干，四望令人哀。
时时怪事发，雨雹如李梅。

雷雹

（甲骨文书法）

冰雹

冰雹

（甲骨文篆刻）

zhèng
政

甲骨文“政”字多种写法

甲骨文“政”字拓片

甲骨文“政”字，从正，兼表声，义与反相对，有直向城邑行进之意。从攴（pū），像手持木棍之形，有规范行为、教化子民的意思。属形声会意字。

本义是指规范行为。后来也解释为政治、政权等。

甲骨文“政”字书写时，从左往右顺序而书。先写正部的口，再写下面的止，注意上下大小、宽窄要协调一致。最后写攴部笔画，注意与正部要错落呼应，动静相宜。

读一读

政府、政策、政权、行政、各自为政、精兵简政、拥政爱民、政通人和。

拓展阅读

“各自为政”成语故事

郑国出兵攻打宋国，于是宋国派大元帅华元率领军队迎战。交战前，华元为了鼓舞士气，下令宰杀牛羊，犒赏将士们，忙乱中，一时大意忘了分给他的马夫一份，马夫于是怀恨在心。

后来正式交战时，马夫对华元说：“畴昔之羊，子为政，今日之事，我为政（分发羊肉的事你说了算，但是驾车的事由我作主）。”说完，他就把战车赶到郑军阵地中，堂堂宋军主帅就这样轻轻松松被郑军活捉了。宋国因此战败。

有期追永远　无政继龚黄

（甲骨文书法）

北京香山公园的勤政殿

为政以德

（甲骨文篆刻）

bīn
宾

甲骨文“宾”字多种写法

甲骨文“宾”字，从宀，像房屋之形；从人，像人侧立之形；或从止，像脚形。可会有客人到屋内之意。属会意字。意思是客人。西周金文以后，把止改成贝，表示带礼物而来。小篆又将人及横画讹为丏字。其形异变。

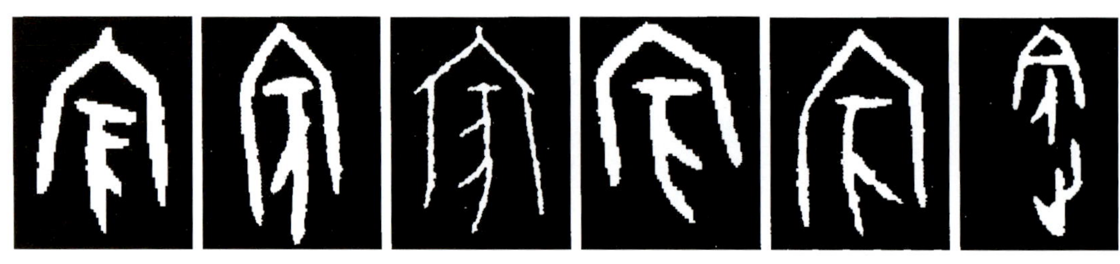

甲骨文“宾”字拓片

甲骨文“宾”字的写法较多，可参照所附图例与拓片。书写时从上至下顺序而书。

读一读

宾馆、嘉宾、外宾、来宾、相敬如宾、喧宾夺主、宾客盈门、入幕之宾、宾朋满座。

拓展阅读

“入幕之宾”成语故事

在东晋的时候，有个大将军叫桓温，他屡建战功，高傲自大。先是废掉了海西公立晋文帝，后来又想篡夺皇位。他拉拢郗超等人，在与谢安和王坦之商讨事情的时候，让郗超躲在幕后偷听。风吹动幕帐暴露了郗超，谢安风趣地称他为入幕之宾。这个成语后用来比喻关系亲近的人或参与机密的人。

钓鱼台国宾馆

宾至如归
（甲骨文书法）

贵宾
（甲骨文篆刻）

yāng
央

甲骨文“央”字多种写法

甲骨文“央”字，从大，像正立之人形；从凵（kǎn），像刑枷之省形。可会在人的脖颈上戴一刑枷，而其头在枷中央之意。以此表示灾祸，是“殃”的初文，属会意字。

本义是指头在枷中央。后来也解释为正中、完结、恳切地请求等。

甲骨文“央”字拓片

甲骨文“央”字书写时，先写凵形笔画，再写大部笔画，写法较多，可参照所附图例与拓片。

读一读

央求、央告、央托、东央西告。

在水中央
（甲骨文书法）

拓展阅读

游杭州圣果寺

［宋］王安石

登高见山水，身在水中央。
下视楼台处，空多树木苍。
浮云连海气，落日动湖光。
偶坐吹横笛，残声入富阳。

湖中央的激光喷泉

长乐未央
（甲骨文篆刻）

láng
狼

甲骨文“狼”字多种写法

甲骨文“狼”字拓片

甲骨文“狼”字，从犬，表示样子像狗形；从良，为标声。属形声字。指野兽狼。

甲骨文“狼”字书写时，从左往右顺序而书。注意良部与犬部都不要写得过宽，以瘦长为宜，良部要比犬部稍微短小一些。

读一读

狼烟、狼毫、狼狗、声名狼藉、狼子野心、狼心狗肺、狼狈为奸、狼吞虎咽。

太守政如水　长官贪似狼
（甲骨文书法）

拓展阅读

“引狼入室”成语故事

一个牧羊人在山谷中放羊时，发现有一只狼始终跟随羊群。起初，他非常警惕。然而，几个月过去了，狼并没有接近羊群。牧羊人逐渐放松了警惕，后来还将狼视为牧羊犬，让其看管羊群。一天，牧羊人因为有事进城，便将羊群托付给狼。当牧羊人离开后，狼冲着山林大声嚎叫，引来了更多的狼。结果，羊群全被狼吃掉了。

这个成语用来比喻自己把坏人或敌人招引进来，结果给自己带来了不可想象的麻烦。

狼子野心
（甲骨文篆刻）

北极狼

tuō
拖

甲骨文“拖”字多种写法

甲骨文“拖”即“拕”字，“拕”为“拖”的异体字。上下构形，上从又，表示手，像手形。下从它，像蛇之形。可会以手捕蛇之意。属会意字。

本义是指捕蛇。后本义废，解释为拉、下垂、拖延、拉长等。

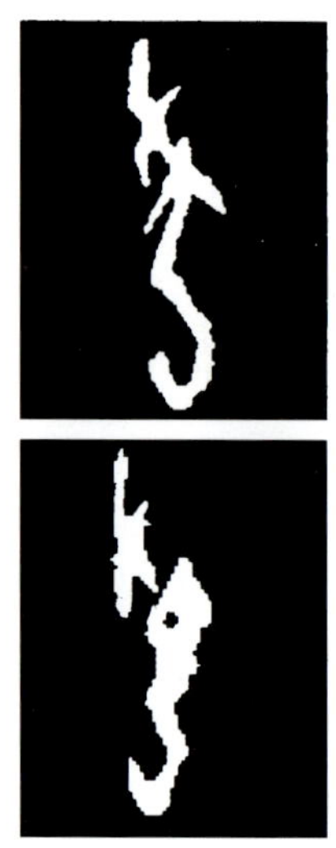

甲骨文“拖”字拓片

甲骨文“拖”字书写时，先写下方它部，注意形态、结体、线条要生动自然；再写又部，注意不要写得过大、过长。

读一读

拖欠、拖延、拖累、拖泥带水、拖儿带女、拖人下水。

拖车
（甲骨文书法）

拓展阅读

点绛唇·红杏飘香

［宋］苏轼

红杏飘香，
柳含烟翠拖轻缕。
水边朱户。
尽卷黄昏雨。
烛影摇风，
一枕伤春绪。
归不去。
凤楼何处。
芳草迷归路。

拖拉机

拖拖拉拉
（甲骨文篆刻）

甲骨文“宋”字多种写法

甲骨文“宋”字，上从宀，像房屋之形；下从木，表示房屋以木为梁。可会用木建造房屋之意。属会意字。

本义是指木头造的房子。后来用作朝代名、姓氏等。

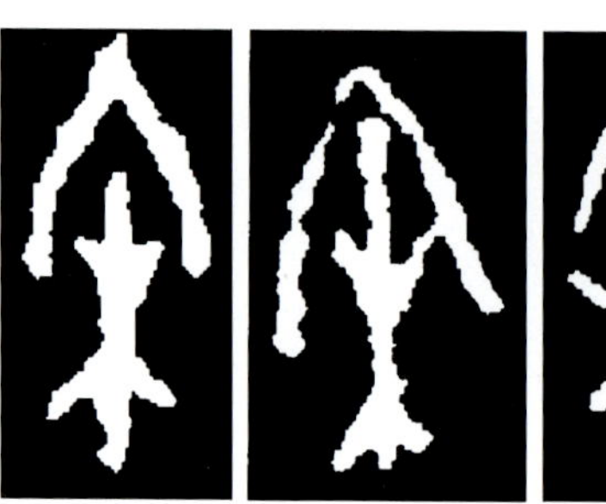

甲骨文“宋”字拓片

甲骨文“宋”字书写时，先写上方代表房屋的笔画，上二笔接笔处要紧密，不要脱开，注意结体不要写得过小。再写下方木部笔画，较长的主竖画要写得刚劲有力，两侧短斜画从左往右顺序而书，注意用笔的起讫、提按、粗细等变化。写法较多，可参照所附图例与拓片。

读一读

宋朝、宋词、仿宋、才过屈宋、宋画吴冶。

拓展阅读

送司空文明归江上旧居

［唐］李端

野菊有黄花，送君千里还。
鸿来燕又去，离别惜容颜。
流水通归梦，行云失故关。
江风正摇落，宋玉莫登山。

宋朝开国皇帝赵匡胤像

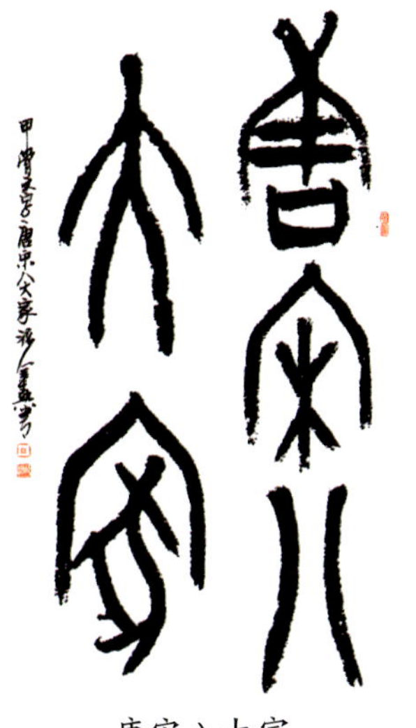

唐宋八大家
（甲骨文书法）

宋学义
（甲骨文篆刻）

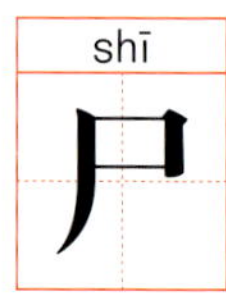

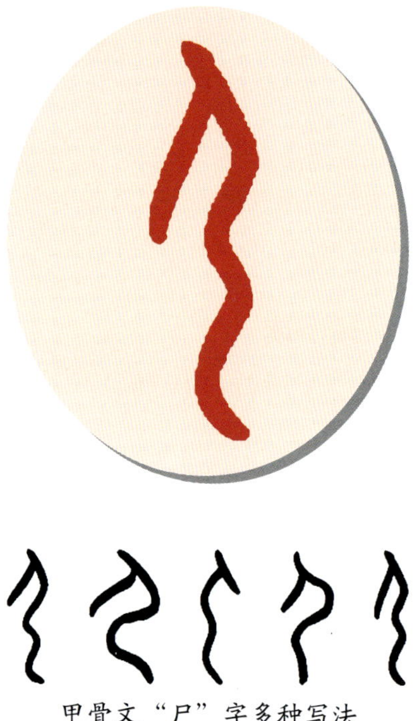

甲骨文“尸”字多种写法

甲骨文“尸”字，像一个屈膝弯腿的人。古为代死者接受祭祀，象征死者神灵的人，多由死者下属或晚辈充当，并非是死尸。后用神主牌位或画像代替。属象形字。

本义是指代死者受祭之人。后来解释为人或动物死后的躯体、空占着等。

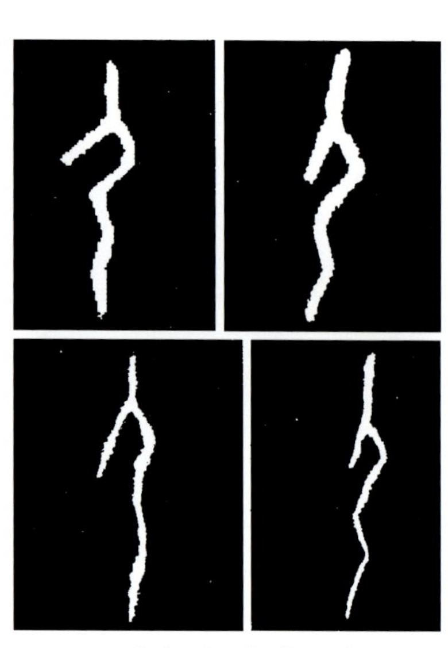

甲骨文“尸”字拓片

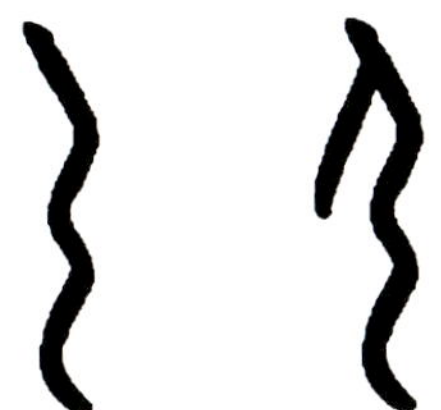

甲骨文“尸”字书写时，先写长曲画，再写短斜画。

读一读

尸首、尸骸、尸检、行尸走肉、碎尸万段、尸位素餐、尸横遍野。

拓展阅读

平城下

［唐］李贺

饥寒平城下，夜夜守明月。
别剑无玉花，海风断鬓发。
塞长连白空，遥见汉旗红。
青帐吹短笛，烟雾湿昼龙。
日晚在城上，依稀望城下。
风吹枯蓬起，城中嘶瘦马。
借问筑城吏，去关几千里？
惟愁裹尸归，不惜倒戈死！

马革盛尸
（甲骨文书法）

尸臭魔芋

尸骨未寒
（甲骨文篆刻）

jiān
歼

甲骨文“歼”字多种写法

甲骨文“歼”字，从戈，像古代兵器戈形；从二人，像二人侧立之形。两形会意表示用戈砍杀多人，二人代表多。可会歼灭之意。属会意字。

本义为以戈击人。后来也解释为消灭、尽灭。

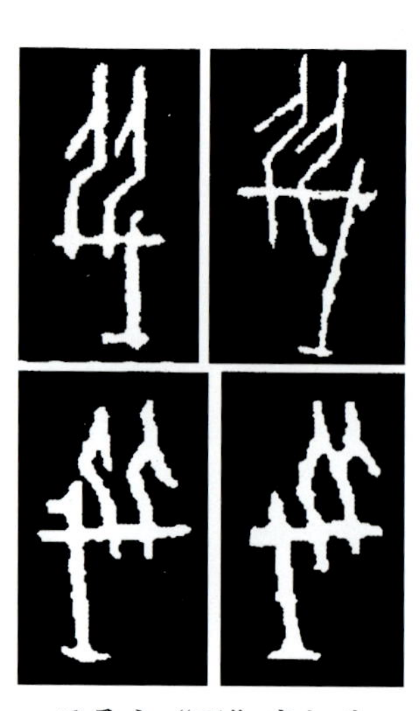

甲骨文“歼”字拓片

甲骨文“歼”字书写时，从左往右先写人部笔画，再写戈部笔画。

读一读

歼敌、歼击、歼灭、歼一警百、聚而歼之。

歼灭战
（甲骨文书法）

拓展阅读

咏怀古迹五首·其五

［唐］杜甫

诸葛大名垂宇宙，宗臣遗像肃清高。
三分割据纡筹策，万古云霄一羽毛。
伯仲之间见伊吕，指挥若定失萧曹。
运移汉祚终难复，志决身歼军务劳。

陈庄歼灭战陈列馆雕像

追歼
（甲骨文篆刻）

zhǒu
帚

甲骨文“帚”字多种写法

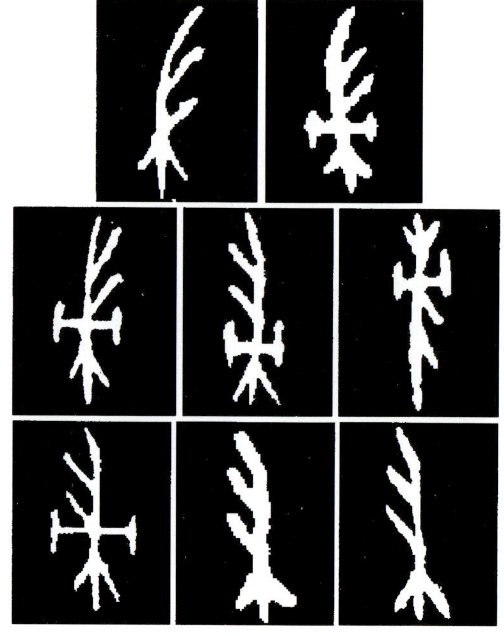

甲骨文“帚”字拓片

甲骨文“帚”字，像是笤（tiáo）帚之形，古以某种植物为帚，中间像“H”形的表示编扎束缚之意。属象形字。

本义是指扫帚。后来也解释为除去尘土、垃圾等的用具。

甲骨文“帚”字书写时，先写中间带曲的长竖画，再写其他斜画。

读一读

炊帚、敝帚自珍。

拓展阅读

拨不断·长毛小狗

［元］王和卿

丑如驴，小如猪，
《山海经》检遍了无寻处。
遍体浑身都是毛，
我道你有似个成精物，咬人的笤帚。

扫帚草

家有敝帚　享之千金
（甲骨文书法）

宝帚
（甲骨文篆刻）

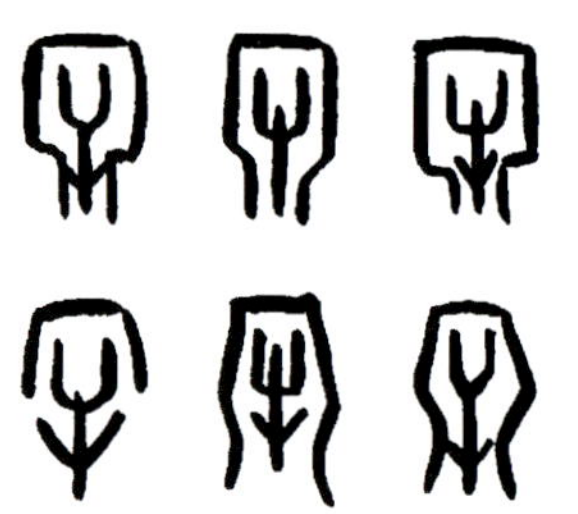

甲骨文“牢”字多种写法

甲骨文“牢”字，从牛，像牛在栏圈（juàn）中，可会圈养牲畜的围栏之意。属会意字。

本义是指关牲畜的栏圈。后来也解释为监狱、坚固、稳妥等。

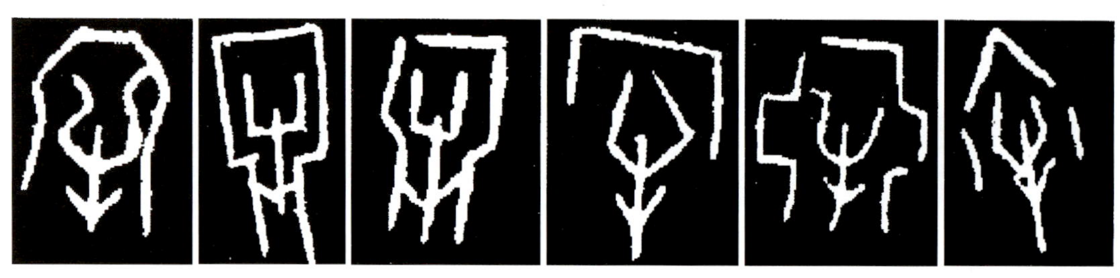

甲骨文“牢”字拓片

甲骨文“牢”字书写时，先写代表栏圈的笔画，再写牛部笔画。

读一读

牢记、牢靠、牢笼、牢固、亡羊补牢、画地为牢、牢骚满腹、牢不可破。

人无刚骨　安身不牢

（甲骨文书法）

拓展阅读

百牢关

［唐］元稹

天上无穷路，生期七十间。

那堪九年内，五度百牢关。

牢房

监牢

（甲骨文篆刻）

其他读音：chà，chǎ 等

甲骨文“叉”字多种写法

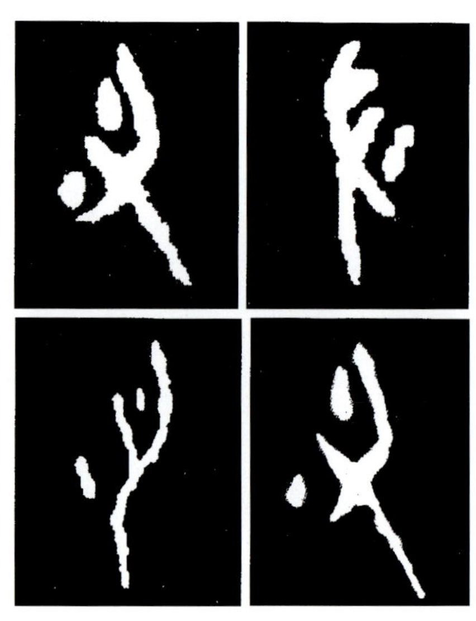

甲骨文“叉”字拓片

甲骨文“叉”字，从又，像手形。两个点画，作为指事符号，指手指交错。属指事字。

本义是指手指互相交错。后来也解释为叉子、开叉、堵塞住等。

甲骨文“叉”字书写时，先写又部笔画，折画与斜画要写得刚劲挺拔，富有弹性与力量，并留下“天然候点处”。再写点画，点画的大小、动向要写得恰到好处。

读一读

叉子、叉车、交叉、分叉（chà）、笑面夜叉、四仰八叉（chǎ）。

拓展阅读

南山田中行

［唐］李贺

秋野明，秋风白，塘水漻漻虫啧啧。
云根苔藓山上石，冷红泣露娇啼色。
荒畦九月稻叉牙，蛰萤低飞陇径斜。
石脉水流泉滴沙，鬼灯如漆点松花。

叉鱼春岸阔
（甲骨文书法）

粤菜代表——叉烧肉

叉道口
（甲骨文篆刻）

dūn
敦

其他读音：duì

甲骨文“敦”字多种写法

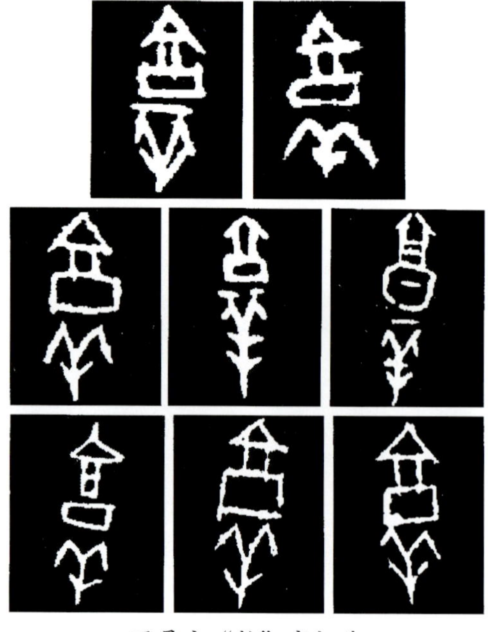

甲骨文“敦”字拓片

甲骨文“敦”字，从亯（xiǎng），像宗庙之形；从羊，像羊头之形。可会用羊祭祀之意。属会意字。

本义指用羊祭祀。后来解释为厚道、督促等。

甲骨文“敦”字书写时，从上至下顺序而书。注意结体不要写得过长，以端庄匀称为宜，线条强调刚柔相济，浑朴遒劲。写法较多，可参照所附图例与拓片。

读一读

敦实、敦促、敦请、敦世厉俗、敦本务实。

拓展阅读

敦煌太守后庭歌

［唐］岑参

敦煌太守才且贤，郡中无事高枕眠。
太守到来山出泉，黄砂碛里人种田。
敦煌耆旧鬓皓然，愿留太守更五年。

温柔敦厚

（甲骨文书法）

敦煌莫高窟

敦行

（甲骨文篆刻）

zhà
咤

甲骨文“咤”字写法

甲骨文“咤”字，从口，像口之形；从宅，像居室住所之形，这里作标声。可会在屋子里大声叫嚷之意，属形声会意字。

本义是叫嚷。后来也解释为发怒、叱喝等。

甲骨文“咤”字拓片

甲骨文“咤”字书写时，从上至下顺序而书。

读一读

怪咤、愤咤、鬼咤狼嚎。

秦始皇——叱咤风云的帝王

拓展阅读

“叱咤风云”成语故事

武则天十四岁入宫成为唐太宗的才人，太宗死，高宗李治立她为皇后。高宗去世后，武则天废中宗立睿宗临朝称政。为了维护自己的统治，武则天重用酷吏，引起了一些大臣和皇族的不满。后徐敬业在扬州起兵举事，反对武则天当政，骆宾王为他写了一篇《讨武曌檄》。文章中说：“喑呜则山岳崩颓，叱咤则风云变色。”意思是：讨伐大军的悲愤之情让山岳崩摧，怒喝之声使风云变色。这样的队伍来讨伐敌人，没有不取胜的。

咤雪洲
（甲骨文书法）

咤异
（甲骨文篆刻）

其他读音：jù

甲骨文“沮”字写法

甲骨文“沮”字，从水，像河道水流之形；从且，本指代表祖先、祖庙的灵牌，这里作标声。属形声字。

本义指沮水，为古代水名。后来也解释为阻止、（气色）败坏等。

甲骨文“沮”字拓片

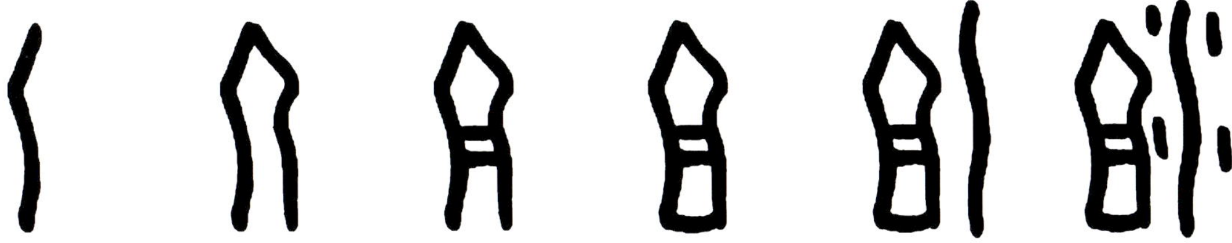

甲骨文“沮”字书写时，先写且部笔画，再写水部笔画。注意两者要顾盼呼应、自然多姿。线条要粗细匀称，古拙凝练。点画应写在“天然候点处”，恰到好处，不露痕迹，不显拥挤。

读一读

沮伤、沮止、沮毁、心低意沮。

拓展阅读

晓发金牛

［宋］陆游

客枕何时稳，匆匆又束装。
快晴生马影，新暖拆花房。
沮水春流绿，嶓山晓色苍。
阿瞒狼狈地，千古有遗伤。

巴女心惊　燕姬色沮

（甲骨文书法）

沮丧

沮丧

（甲骨文篆刻）

hè
赫

甲骨文“赫”字多种写法

甲骨文“赫”字，中间为人正面站立之形；两侧像燃烧的火苗之形。可会火苗把整个人映红之意。属会意字。

本义指红如火烧。后来也解释为盛大，表示频率单位等。

甲骨文“赫”字拓片

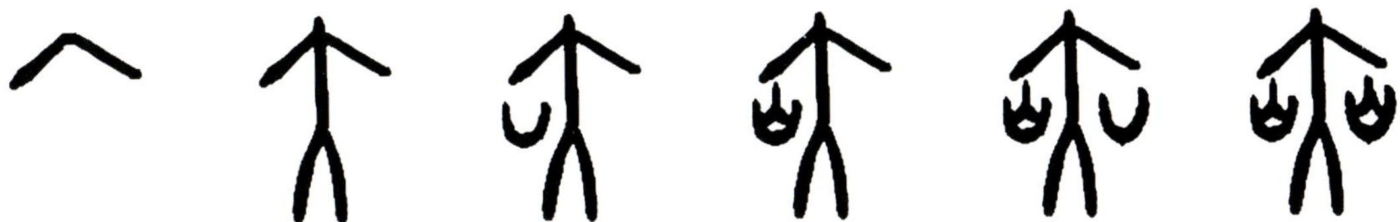

甲骨文“赫”字书写时，先写代表人的大部笔画，再写左右火部笔画。注意二火部分大小比例要适当，结体要形近，布白强调端庄匀称、疏密有致。

读一读

赫然、赫日、威赫、赫然在目、显赫一时、赫赫之功。

满族的发祥地之一——叶赫部

司母戊鼎——赫赫有名的青铜器

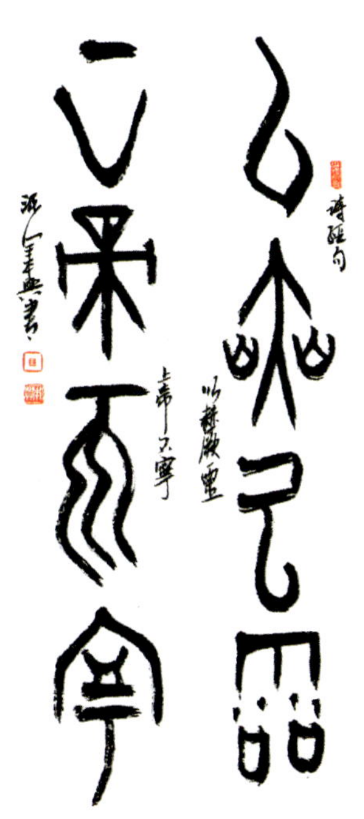
以赫厥灵　上帝不宁
（甲骨文书法）

声名赫赫
（甲骨文篆刻）

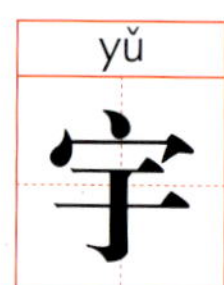

甲骨文“宇”字多种写法

甲骨文“宇”字，上从宀，像房屋形；下从于，原像竽（yú，管乐器）形，这里作标声。属形声字。

本义指屋檐。后来也解释为上下四方、国境、仪表等。

甲骨文“宇”字拓片

甲骨文“宇”字书写时，先写宀部笔画，再写于部笔画。注意中锋用笔，点画线条要刚健挺拔，浑朴遒劲。

读一读

宇航、屋宇、眉宇、星宇、琼楼玉宇、气宇轩昂、开疆拓宇。

拓展阅读

花　院

［宋］赵与滂

拆了千秋院宇空，无人杨柳自春风。
蔷薇性野难拘束，却过邻家屋上红。

气宇不凡
（甲骨文书法）

美丽的皇穹宇

神宇
（甲骨文篆刻）

甲骨文“宙”字多种写法

甲骨文“宙”字拓片

甲骨文“宙”字，上从宀，像房屋形；下本不从由而从西，鸟巢形，栖之本字，指人的栖身之处，后讹为由，释为支撑房屋的栋梁，兼作标声。属会意后为形声字。

本义指人栖身之处。后来指古往今来的时间等。

甲骨文“宙”字书写时，先写宀部笔画，注意左右斜画、竖画要对应、宽厚，轻重要有变化，接笔不露痕迹。再写西部笔画，注意口形两边竖画要出头，布白要匀称平稳，疏密相宜。

读一读

宙始、上宙、气吞宇宙。

猜一猜

宝玉出走有由来。
（打一字）
宇宙便是吾心。
（打一成语）

宇宙之家
（甲骨文书法）

极光——宇宙中的神秘光芒

宙合
（甲骨文篆刻）

yán
岩

甲骨文“岩”字多种写法

甲骨文“岩”字，从山，像高山之形；从品，表示山岩众多、山峰险峻之意。

本义为满是石头的山。后来也解释为岩石、山峰、山崖等。

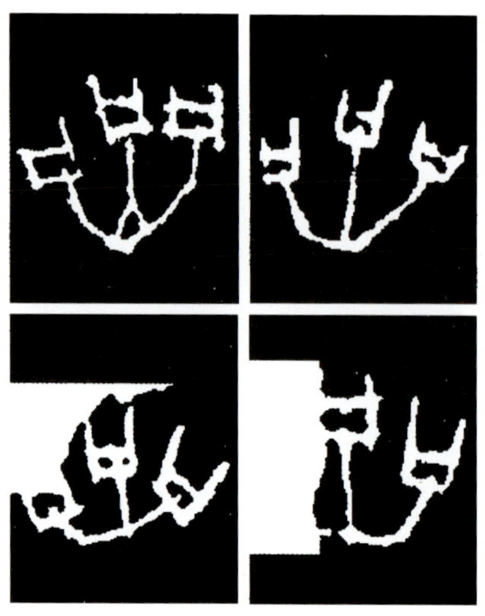

甲骨文“岩”字拓片

甲骨文“岩”字书写时，从上至下、从左往右顺序而书。注意三口要有大小不同、高低错落等变化，不要过于平齐。

读一读

岩洞、岩画、岩穴、岩层、熔岩、千岩竞秀、重岩叠嶂、千岩万壑。

拓展阅读

竹　石

［清］郑板桥

咬定青山不放松，立根原在破岩中。
千磨万击还坚劲，任尔东西南北风。

千岩万谷
（甲骨文书法）

岩洞

灵岩
（甲骨文篆刻）

qìng
磬

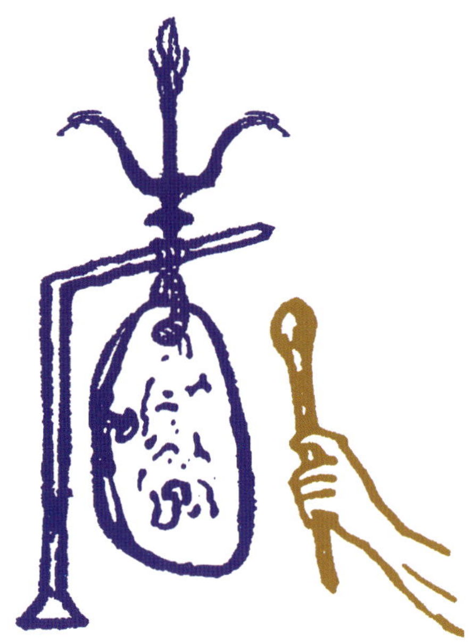

甲骨文“磬”字多种写法

甲骨文“磬”字，从殳（shū），像手持棒槌之形；从声，上像装饰物，下像石片所制乐器磬之形。可会以槌敲击悬磬奏乐之意。属会意字。

本义指敲击石磬。后来也解释为僧侣所用的打击乐器。

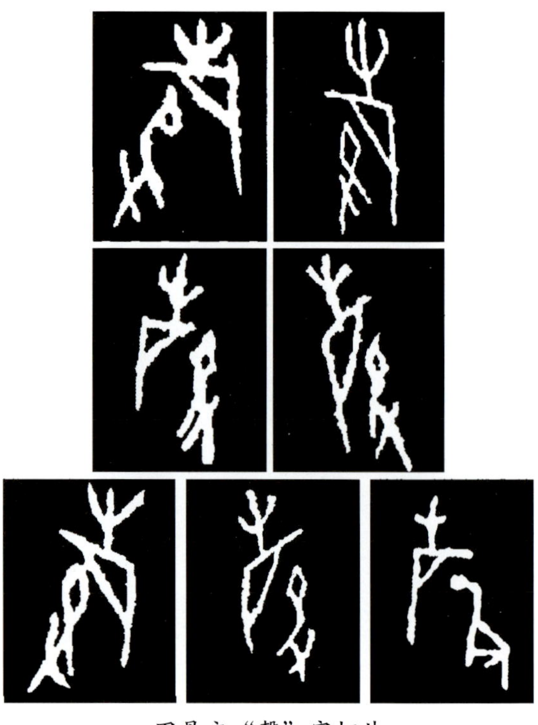

甲骨文“磬”字拓片

甲骨文“磬”字书写时，先写声部笔画，再写殳部笔画。注意此字结体斜向取势，险中求平。写法较多，可参照所附图例与拓片。

读一读

磬乐、磬舞、笙磬同音、朱弦玉磬。

磬

拓展阅读

“磬鸣有因”寓言故事

在洛阳的一座寺院里，有一只磬常常会莫名其妙地自己响起来。僧人十分恐惧，总以为是鬼怪在作祟，时间长了就吓出了病。僧人有个叫曹绍夔的朋友，他前来探病，听到响声后基本明白了磬鸣的原因。第二天，他用锉刀在磬上连锉了几下，就告辞走了。打这以后，这只磬再也不自鸣了。他解释说，这只磬和寺院里那口钟有相同的频率，钟一响就引起磬的共鸣。将磬锉几下，破坏了它原有的频率就好了。僧人听了，如释重负，病也很快就好了。这个故事告诉我们：凡事只要懂得它的科学道理，就能掌握它并改造它，而不至于疑神疑鬼了。

观泉听磬

（甲骨文书法）

磬声

（甲骨文篆刻）

fēi
妃

甲骨文“妃”字多种写法

甲骨文“妃”字，从女，像两手交叉置于胸下而侧跪之女子形；从巳，本像小儿形，此作标声。可会婚配、配偶之意。属形声会意字。

本义为婚配。后来指帝王的妾，太子、王、侯的妻。

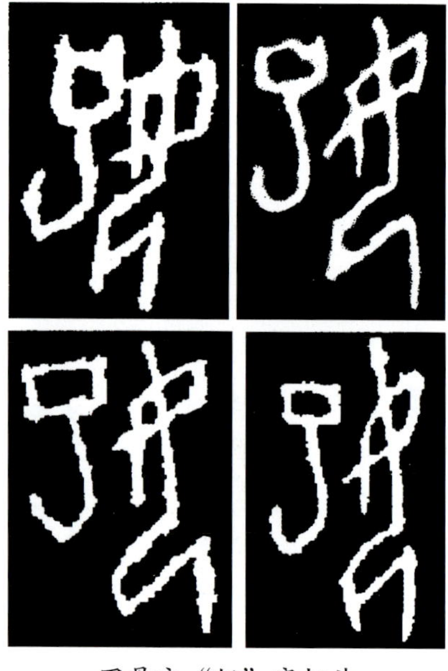

甲骨文“妃”字拓片

甲骨文“妃”字书写时，从左往右顺序而书。注意左右部分紧密配合，错落有致。写法较多，可参照所附图例与拓片。

读一读

贵妃、王妃、储妃、徐妃半面。

拓展阅读

过华清宫绝句三首·其一

［唐］杜牧

长安回望绣成堆，山顶千门次第开。

一骑红尘妃子笑，无人知是荔枝来。

雪埋妃子貌

（甲骨文书法）

清代嫔妃居所——景仁宫

妃子

（甲骨文篆刻）

zhēn
贞

甲骨文“贞”字多种写法

甲骨文“贞”字，像一鼎形。鼎是古人食器，两耳，硕腹，后为铭刻功绩的礼器，以象征吉祥，卜辞中则用“鼎”为“贞”字。西周晚期鼎简化后讹为“貝”，另加“卜”为义符，可会卜骨问吉之意。属象形字。

本义指鼎。后来解释为坚定不移、占卜等。

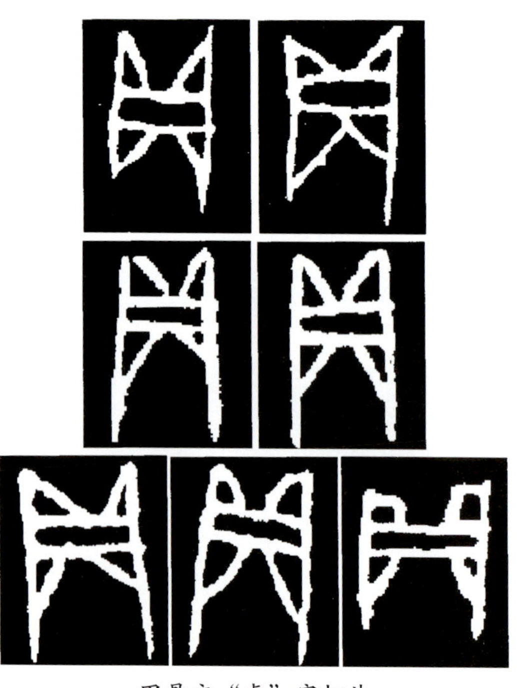

甲骨文“贞”字拓片

甲骨文“贞”字书写时，从外向里、从左往右顺序而书。写法较多，可参照所附图例与拓片。

读一读

贞节、贞烈、忠贞不二、坚贞不屈、坚贞不渝。

拓展阅读

湖边采莲妇

［唐］李白

小姑织白纻，未解将人语。
大嫂采芙蓉，溪湖千万重。
长兄行不在，莫使外人逢。
愿学秋胡妇，贞心比古松。

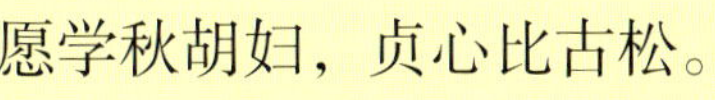

松贞玉刚
（甲骨文书法）

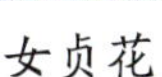

女贞花

贞元会合
（甲骨文篆刻）

sì
肆

甲骨文“肆”字多种写法

甲骨文“肆”字，从又，像手之形；从彖（tuàn），像屠宰后的牲畜之形，点表示水滴、血滴。可会用手处理屠宰后的牲畜之意。属会意字。

本义是指宰杀处理牲畜。后来也解释为毫无顾忌、贸易场所、数字“四”的大写等。

甲骨文“肆”字拓片

甲骨文“肆”字书写时，可以从左往右，从上至下顺序而书。

读一读

放肆、肆虐、肆意妄为、肆无忌惮。

拓展阅读

“枯鱼之肆”成语故事

庄周去找监河侯借粮，监河侯是个小气鬼，又死要面子，于是假惺惺地说：“好的！等我收了百姓的税金，就借钱给你，行吗？”

庄周听了很生气，便说：“我昨儿来的时候，在半道上听到呼救的声音，发现小坑洼处有条鲫鱼在那里挣扎。我问它：‘鲫鱼，你干什么呢？’鲫鱼回答：‘我从东海来，你有斗升之水让我活下来吗？’我说：‘行啊，等我去游说吴越之王，开凿运河把长江的水引过来救你，可以吗？’鲫鱼生气地说：‘眼下我得到斗升之水就能活下来，而你竟说这样的话，还不如早点到卖鱼干的店里找我！’”

野外肆意生长的金樱子

奇肆
（甲骨文书法）

大肆宣扬
（甲骨文篆刻）

chān

搀

甲骨文“搀”字多种写法

甲骨文“搀”字拓片

甲骨文“搀”字，合体构形。从二大，像两人手拉手之形。可会两人互相搀扶之意。属会意字。

甲骨文“搀”字书写时，从左往右顺序而书。注意代表人的两个大部要紧密配合，错落有致，自然多趣。并注意两者倚侧呼应之动势，要写得婉转多姿、妙趣横生。

读一读

搀杂、搀合、搀假、搀行夺市、搀前落后。

拓展阅读

过信州

[元] 高克恭

二千里地佳山水，无数海棠官道傍。
风送落红搀马过，春风更比路人忙。

互相搀扶一路相伴

搀老扶幼
（甲骨文书法）

搀引
（甲骨文篆刻）

diàn
奠

甲骨文“奠”字多种写法

甲骨文“奠”字，从酉，表示酒樽，下从一横，表示祭台或祭坛，像是祭台上有酒樽，可会置酒祭祀之意。属象形字。

本义指置酒台以祭奠。后来也解释为建立等。

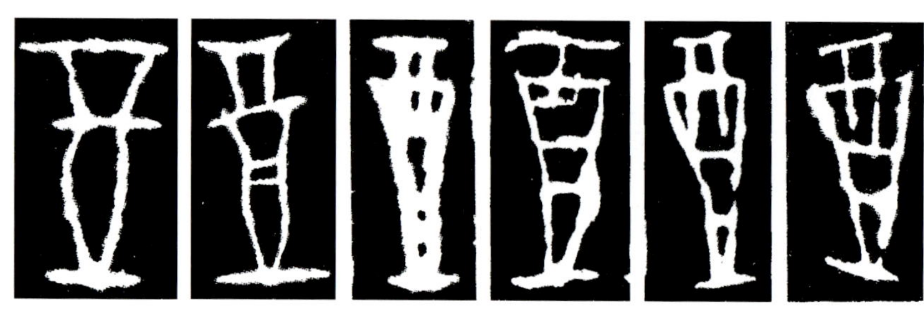

甲骨文“奠”字拓片

甲骨文“奠”字书写时，从上至下顺序而书。注意上下横画有长有短，有粗有细，充满变化，不可千篇一律。两边对应的长曲画要自然委婉，顺畅遒劲。写法较多，可参照所附图例与拓片。

读一读

奠礼、奠文、奠仪、时羞之奠。

拓展阅读

晚次巴陵

［唐］李端

雪后柳条新，巴陵城下人。
烹鱼邀水客，载酒奠山神。
云去低斑竹，波回动白蘋。
不堪逢楚老，日暮正江春。

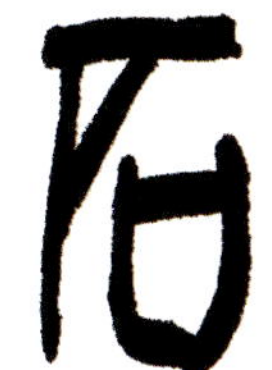

奠基石
（甲骨文书法）

清明祭奠先烈

祭奠
（甲骨文篆刻）

甲骨文“炉”字多种写法

甲骨文“炉”，繁体写作“爐”，上部像是有炉身及款足的炉形，“虎”字头为声符，下面从火，像火苗之形。古穴居室内中置火炉，昼则围炉而食，夜则围炉而卧。属象形兼形声字。

本义为烹饪、取暖之器。后来也解释为焚香的器具等。

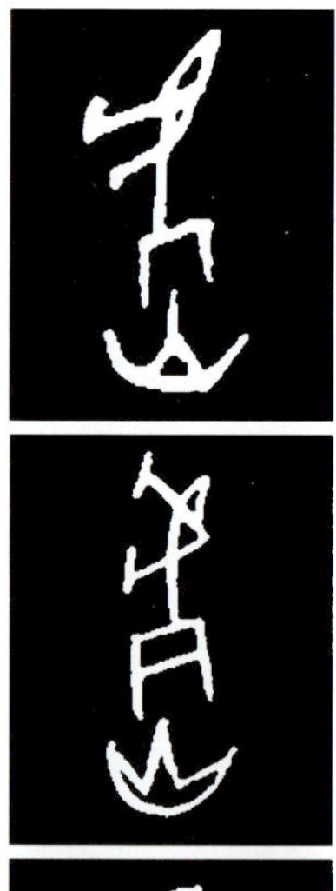

甲骨文“炉”字拓片

甲骨文“炉”字书写时，从上至下顺序而书。注意各部首结体以平稳匀称为主，线条要讲究浑朴自然。

读一读

熔炉、锅炉、炉具、炉灶、炉门、红炉点雪、另起炉灶、夏炉冬扇。

拓展阅读

寒　夜

［宋］杜耒

寒夜客来茶当酒，竹炉汤沸火初红。
寻常一样窗前月，才有梅花便不同。

如火炉般的火焰山

炉火纯青
（甲骨文书法）

香炉
（甲骨文篆刻）

其他读音：lìn

甲骨文“淋”字写法

甲骨文“淋”字，合体构形。从水，像水流之形；从林，本像树林之形，这里仅作标声。表示用水浇灌之貌。属形声字。

本义为用水浇。后来也解释为浇、沾湿、流、畅达。

甲骨文“淋”字拓片

甲骨文“淋”字书写时，从左往右顺序而书。

读一读

淋湿、淋漓尽致、酣畅淋漓、狗血淋头、大汗淋漓、栉风淋雨。

想一想

下雨时，跑得越快淋到身上的雨水越少吗？

拓展阅读

怪菌歌

［宋］杨万里

雨前无物撩眼界，雨里道边出奇怪。
数茎枯菌破土膏，即时便与人般高。
撒开圆顶丈来大，一菌可藏人一个。
黑如点漆黄如金，第一不怕骤雨淋。
得雨声如打荷叶，脚如紫玉排粉节。
行人一个掇一枚，无雨即阖有雨开。
与风最巧能向背，忘却头上天倚盖。
此菌破来还可补，只不堪餐不堪煮。

淋雨

水淋淋
（甲骨文书法）

淋雨
（甲骨文篆刻）

rán
髯

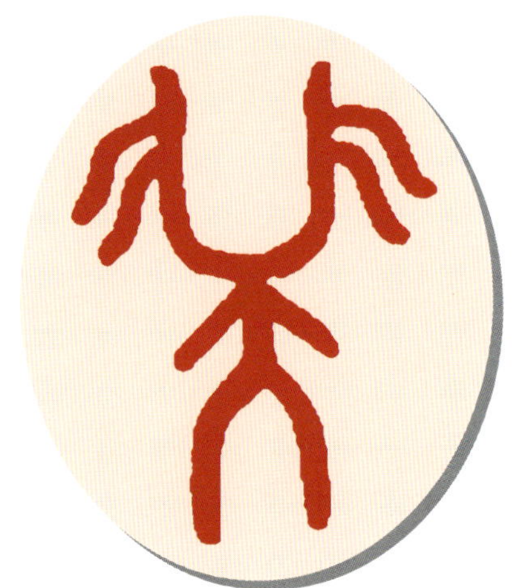

甲骨文“髯”字多种写法

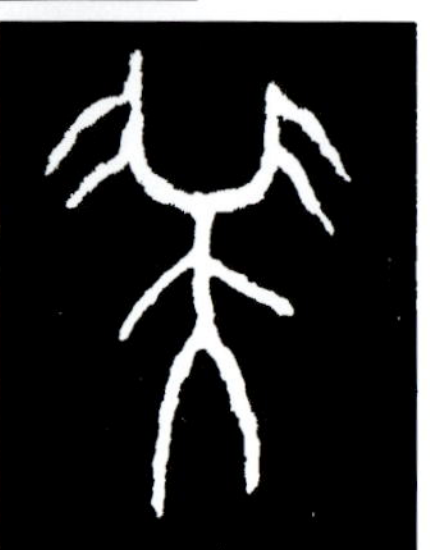

甲骨文“髯”字拓片

甲骨文“髯”字，从大，像人正立形。上部突出脸颊与两侧胡须。脸颊上之须为“髯”。属形声象形字。

本义为颊须。后来也解释为须多或须长的人，动物的须等。

甲骨文“髯”字书写时，先写代表脸颊的“U”形，再写大部，最后写左右代表胡须的笔画。

读一读

髯须、髯毛、长髯、虬髯、鹤骨霜髯、须髯若神、扬眉奋髯。

拓展阅读

《三国志·蜀书·关羽传》云：“羽美须髯，故亮谓之髯。”因为关羽的长须很美，所以诸葛亮称他为美髯公。

五绺长髯的老者（王阳明）

京剧髯口

美髯公
（甲骨文书法）

髯口
（甲骨文篆刻）

é
俄

甲骨文“俄”字多种写法

甲骨文“俄”字，从大，像人正面站立之形；从我，像锯类刑具之形。有另缀加止或又的，表示手持锯子锯去一足之意。为“刖”的初文。古代砍去脚的酷刑即为刖刑。属会意字。

本义为锯足。后来表示极短暂的时间等。

甲骨文“俄”字拓片

甲骨文“俄”字书写时，先写表示人的笔画，再写其他笔画。写法较多，可参照所附图例与拓片。

读一读

俄顷、俄而、俄延。

俄然
（甲骨文书法）

拓展阅读

茅屋为秋风所破歌（节选）

［唐］杜甫

八月秋高风怒号，卷我屋上三重茅。
茅飞渡江洒江郊，高者挂罥长林梢，下者飘转沉塘坳。
南村群童欺我老无力，忍能对面为盗贼。
公然抱茅入竹去，唇焦口燥呼不得，归来倚杖自叹息。
俄顷风定云墨色，秋天漠漠向昏黑。

俄罗斯套娃

俄瞬
（甲骨文篆刻）

bǎi
柏

其他读音：bó，bò

甲骨文“柏”字多种写法

甲骨文“柏”字，合体构形。从木，像树木之形；从白，象征鞠形柏果，这里兼作标声。表示结出球果的柏树之意。属形声字。

本义是指柏树。后来也作姓氏等。

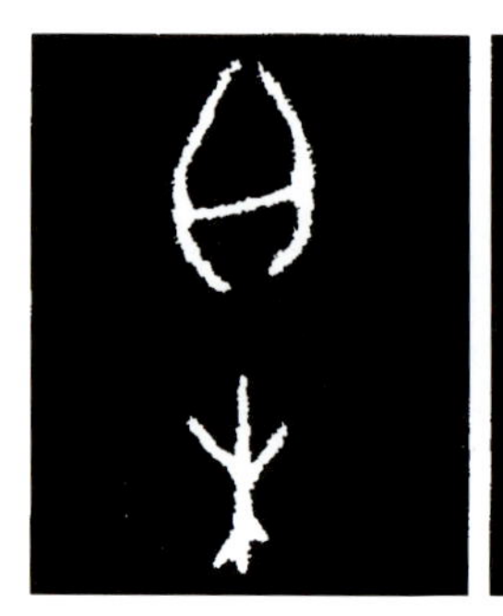

甲骨文“柏”字拓片

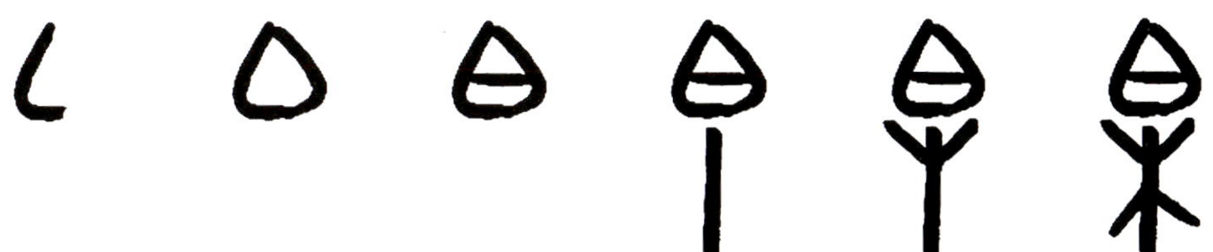

甲骨文“柏”字书写时，从上至下顺序而书。注意上下两部分结体大小不要差距过大，不要写得过于瘦长，上下之间也不要相离过远。

读一读

松柏、竹柏、柏（bó）林、岁寒松柏、柏志苍勤、贞松劲柏。

拓展阅读

“松柏之志”成语故事

东汉末年，宗世林看不起曹操的为人，总不想与他交往。曹操深为恼火，直到担任丞相揽朝政事务时，来问宗世林能交往了吗？宗世林回答说：“松柏之志犹存。”后来曹操掌握政权后，以宗世林德不配位而治其罪。这个成语用来形容一个人坚定不移的意志和品德。

古柏参天
（甲骨文书法）

松柏

岩柏
（甲骨文篆刻）

甲骨文“役”字多种写法

甲骨文“役”字，从殳，像长柄圆头兵器形；从人，像人侧视之形。表示手执兵器类物件，从后部击打人，可会手持兵器驱使人服兵役之意。属会意字。

本义是指服役戍边。后来也解释为战争、需要出劳力的事等。

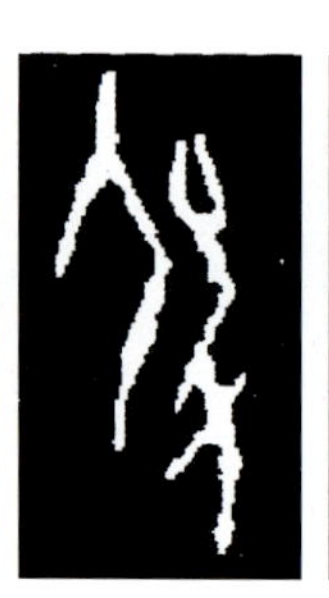

甲骨文“役”字拓片

甲骨文“役”字书写时，先写人部笔画，再写殳部笔画。注意两部分之间闪避揖让，高低错落。写法较多，可参照所附图例与拓片。

读一读

苦役、服役、兵役、退役、奴役、一身两役、久役之士、心为形役。

拓展阅读

“役其所长，则事无废功；避其所短，则世无弃材矣。”这句话出自晋·葛洪《抱朴子外篇·务正》，意思是：使用人的长处，做事就没有不成功的；避开人的短处，世上就没有可废弃的人才。

表明做更好的自己需要扬长避短，要善于利用自己的优点和长处，最大限度地展现自己的才华。

三大战役
（甲骨文书法）

淮海战役历史图

役卒
（甲骨文篆刻）

shùn
瞬

甲骨文“瞬”字写法

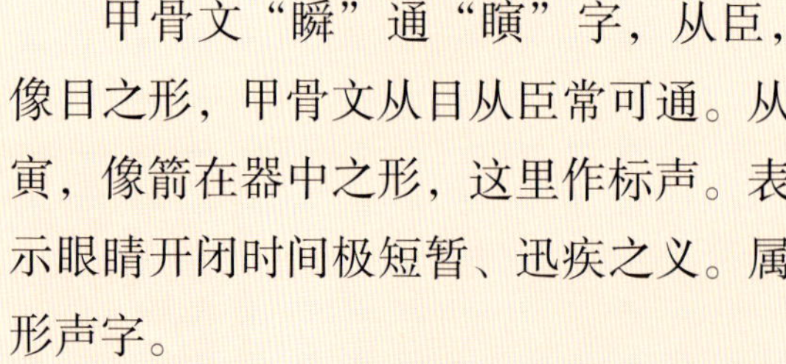

甲骨文“瞬”通“瞚”字，从臣，像目之形，甲骨文从目从臣常可通。从寅，像箭在器中之形，这里作标声。表示眼睛开闭时间极短暂、迅疾之义。属形声字。

本义指眨眼。后来也解释为一眨眼的工夫。

甲骨文“瞬”字拓片

甲骨文“瞬”字书写时，先写臣部笔画，再写寅部笔画。

读一读

瞬间、转瞬、瞬凝、瞬息万变、瞬息之间。

泼水瞬间结冰

拓展阅读

偈三首·其三

［宋］释道如

欲渡巨海，必假方舟。
橹棹俱全，风帆两便。
夜观星月，昼视云山。
万里之遥，一瞬可到。
人心尽畏波涛险，未必被涛险似心。

云海瞬息万变

一瞬千里
（甲骨文书法）

瞬时
（甲骨文篆刻）

xìng

杏

甲骨文“杏”字多种写法

甲骨文“杏”字，从木，像树木形；从口，像果实形。两形会意，表示从杏树上掉落成熟的杏果。属象形会意字。意思是杏树、杏果。

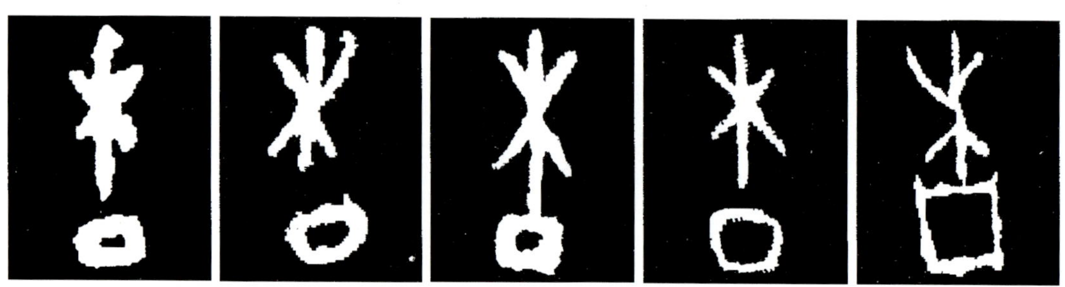

甲骨文“杏”字拓片

甲骨文“杏”字书写时，从上至下顺序而书。先写木部中间主竖画，再写两侧斜画。下方口部一般由三笔写成，在口底部接笔，最后写口部上横。注意结体要端庄匀称，上下之间大小比例要适当，用笔要抑扬顿挫，保持线条刚健遒劲的质感。

读一读

杏仁、杏黄、杏红、杏林春满、红杏出墙、杏花春雨、杏雨梨云。

拓展阅读

四时田园杂兴·其二十五

［宋］范成大

梅子金黄杏子肥，麦花雪白菜花稀。
日长篱落无人过，惟有蜻蜓蛱蝶飞。

杏花天
（甲骨文书法）

银杏

杏花春雨
（甲骨文篆刻）

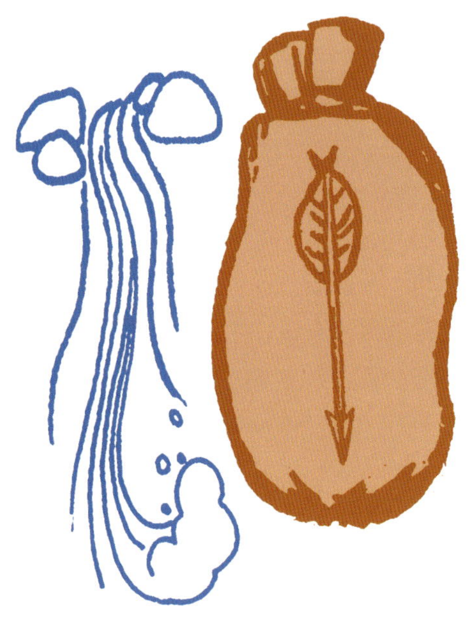

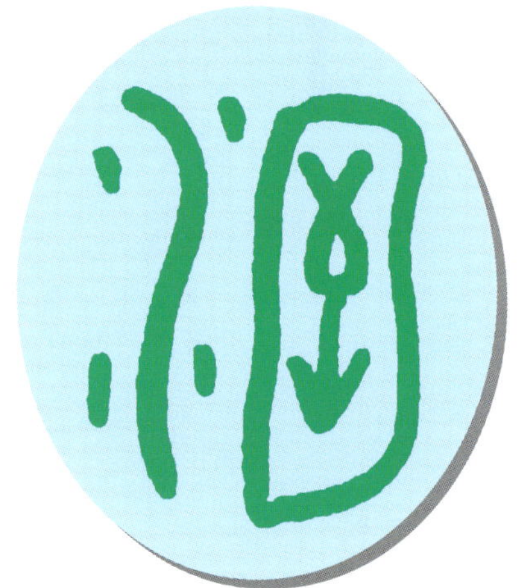

甲骨文“涵”字多种写法

甲骨文“涵”字，从水，像水流之形；从函，像盛箭的口袋之形，这里仅作标声。可会所包含的水泽多之意。属形声字。

本义是指水泽多。后来也解释为包容、包含、宽恕等。

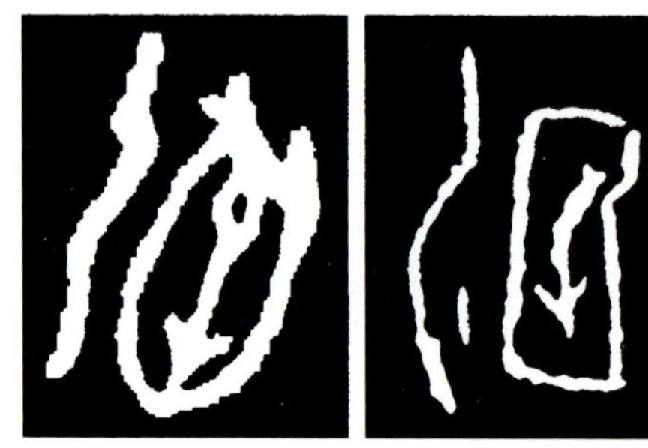

甲骨文“涵”字拓片

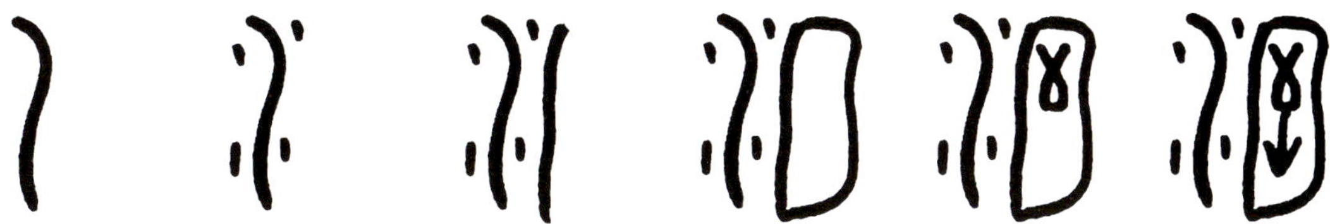

甲骨文“涵”字书写时，从左往右顺序而书。水部的曲线顺畅自然，与函部成呼应之势。函部有方有圆，有不规则形，形态不一，变化多端。

读一读

涵盖、涵养、涵洞、涵容、地负海涵。

拓展阅读

九日齐山登高

［唐］杜牧

江涵秋影雁初飞，与客携壶上翠微。
尘世难逢开口笑，菊花须插满头归。
但将酩酊酬佳节，不用登临恨落晖。
古往今来只如此，牛山何必独沾衣。

森林可以涵养水源

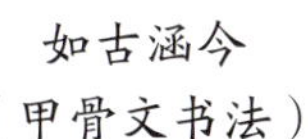

如古涵今
（甲骨文书法）

内涵
（甲骨文篆刻）

zāi
灾

甲骨文“灾”字多种写法

甲骨文“灾”字，从火，像火苗形；从宀，像房屋形；带“才”者表示屋内柱形，兼标声。可会大火焚烧房屋之意。属会意字。

本义为火灾。引申为灾害、个人遭遇的不幸等。

甲骨文“灾”字拓片

甲骨文“灾”字书写时，从上至下顺序而书。注意火部底部的笔画要带圆意。

读一读

灾区、灾民、灾情、灾荒、灾星、灾年、多灾多难、无妄之灾、灭顶之灾。

拓展阅读

灾来吟

［宋］邵雍

灾自外来，犹可消除。
灾自内来，何由支梧。
天人之间，内外察诸。

天灾人祸
（甲骨文书法）

蝗灾

幸灾乐祸
（甲骨文篆刻）

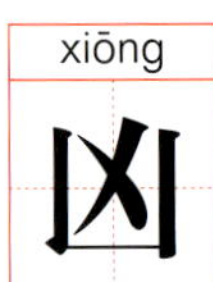

甲骨文“凶”字写法

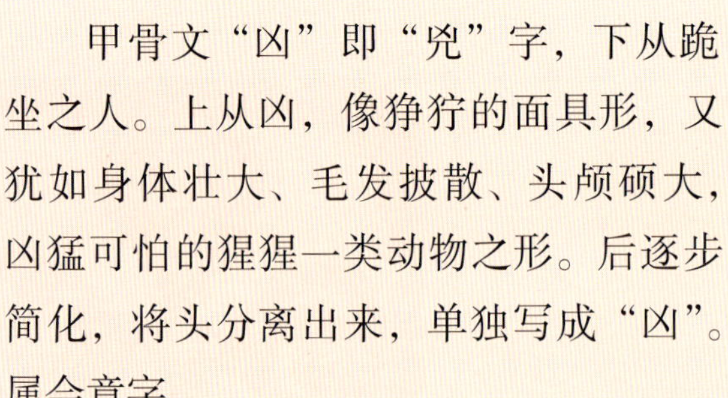

甲骨文“凶”即“兇”字，下从跪坐之人。上从凶，像狰狞的面具形，又犹如身体壮大、毛发披散、头颅硕大，凶猛可怕的猩猩一类动物之形。后逐步简化，将头分离出来，单独写成“凶”。属会意字。

本义指凶恶恐惧。后来也解释为不吉利、恶人、厉害等。

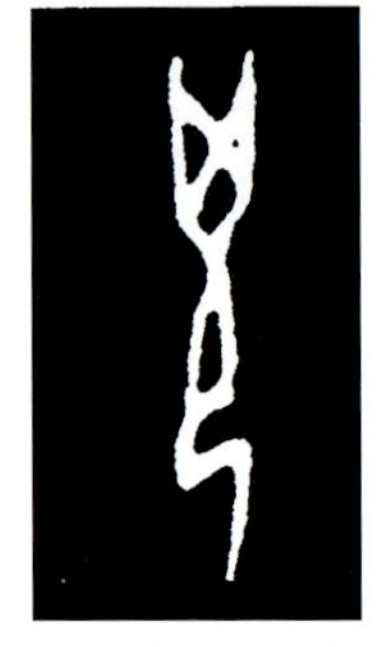

甲骨文“凶”字拓片

甲骨文“凶”字书写时，从上至下，先写头部笔画，再写代表跪坐之人的笔画。注意头部笔画不要写得过窄过小，注意用笔变化。

读一读

凶险、凶暴、凶残、凶神恶煞、凶相毕露、穷凶极恶、趋吉避凶。

拓展阅读

奢侈吟

［宋］邵雍

侈不可极，奢不可穷。
极则有祸，穷则有凶。

老虎——凶猛的猫科动物

凶多吉少
（甲骨文书法）

凶狠的野牦牛

逢凶化吉
（甲骨文篆刻）

fù
妇

甲骨文“妇”字多种写法

甲骨文“妇”字，从女，像一跪坐的女子；从帚，像扫帚之形。可会女子洒扫的意思，古代洒扫都是妇女为之，故妇从帚。属会意字。

本义为持帚洒扫。后来解释为成年女子、已婚女子等。

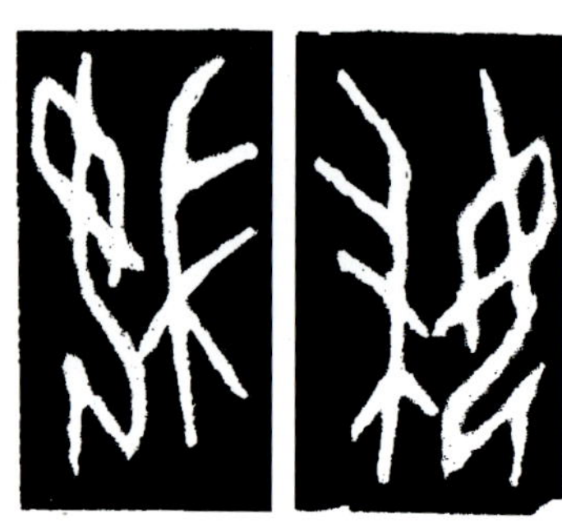

甲骨文“妇”字拓片

甲骨文“妇”字书写时，上面的图片是先写帚部，再写女部，相矛盾从左往右顺序而书。注意圆曲之笔要婉转自然，结体要方中有圆，圆中寓方。

读一读

妇人、妇联、贵妇、妇人之仁、妇孺皆知、夫唱妇随。

拓展阅读

闺　怨

［唐］王昌龄

闺中少妇不知愁，春日凝妆上翠楼。
忽见陌头杨柳色，悔教夫婿觅封侯。

三八妇女节
（甲骨文书法）

勤劳的妇女

妇幼皆知
（甲骨文篆刻）

其他读音：yūn

甲骨文“晕”字多种写法

甲骨文“晕”字，从日，像太阳之形。日在中间，周围是旋转的云气，可会日之周围由云气形成光圈之意。属会意字。

本义为日周之光圈。后来也解释为发昏、昏迷等。

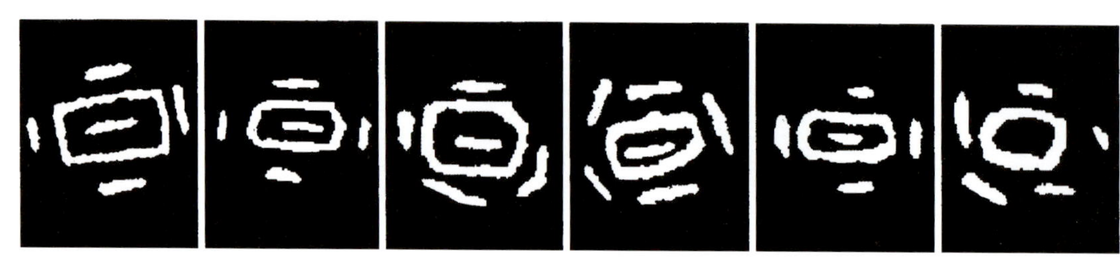

甲骨文“晕”字拓片

甲骨文“晕”字书写时，先写日部笔画，再写周围短画。

读一读

红晕、光晕、日晕、晕（yūn）倒、晕（yūn）头转向、晕（yūn）晕乎乎。

日晕

拓展阅读

雪　中

［宋］陆游

忽忽悲穷处，悠悠感岁华。
暮云如泼墨，春雪不成花。
眼涩灯生晕，诗成字半斜。
残尊已倾尽，试起问东家。

月晕知风
（甲骨文书法）

日晕
（甲骨文篆刻）

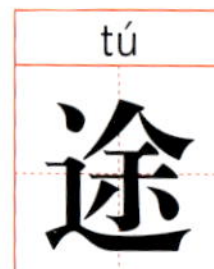

甲骨文“途”字多种写法

甲骨文“途”字，从止，像脚趾之形；从余，像房屋之形。可会向屋舍走去之意。属会意字。

本义指行走。后引申为道路。

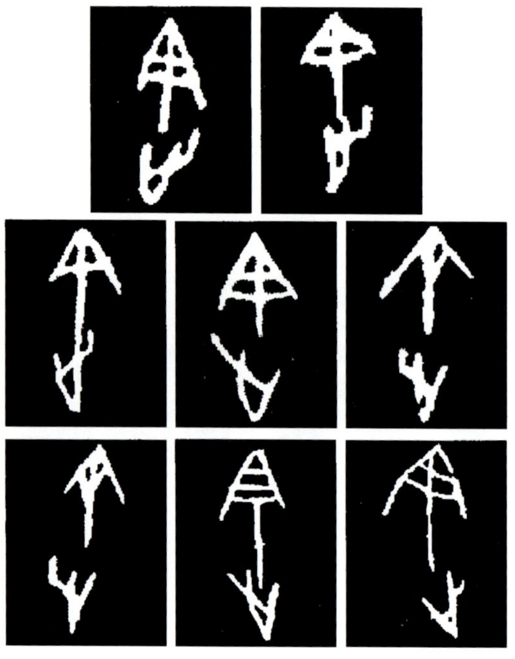

甲骨文“途”字拓片

甲骨文“途”字书写时，从上至下顺序而书。注意两部分上下组合时要大小等称，方圆相宜，不要写得过长。写法较多，可参照所附图例与拓片。

读一读

归途、旅途、途经、途中、前途、半途而废、穷途末路、道听途说、迷途知返。

拓展阅读

江 汉

［唐］杜甫

江汉思归客，乾坤一腐儒。
片云天共远，永夜月同孤。
落日心犹壮，秋风病欲疏。
古来存老马，不必取长途。

万里征途
（甲骨文书法）

骆驼——能在沙漠中长途跋涉

老马识途
（甲骨文篆刻）

cì
赐

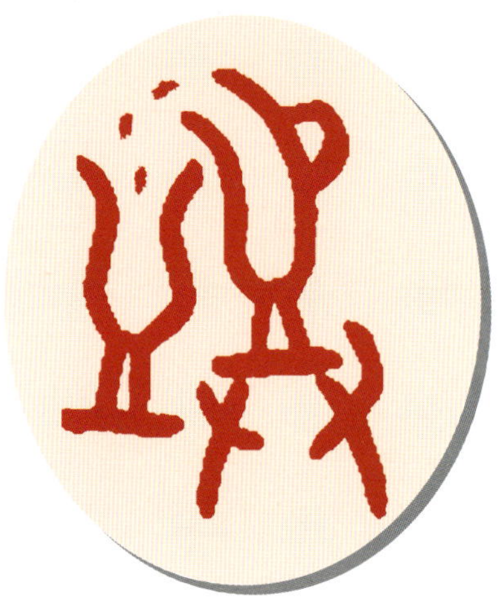

甲骨文“赐”字多种写法

甲骨文“赐”字，左右从二皿，有大小之分，小的像装水的器皿，大的像壶一类储酒器。有的从又，像人之手形。点则表示酒一类液体。可会把壶中的酒分到器皿中，为赐予之意。属会意字。

本义为赐予。现在表敬辞，用于别人对自己的指示、光顾、答复等。

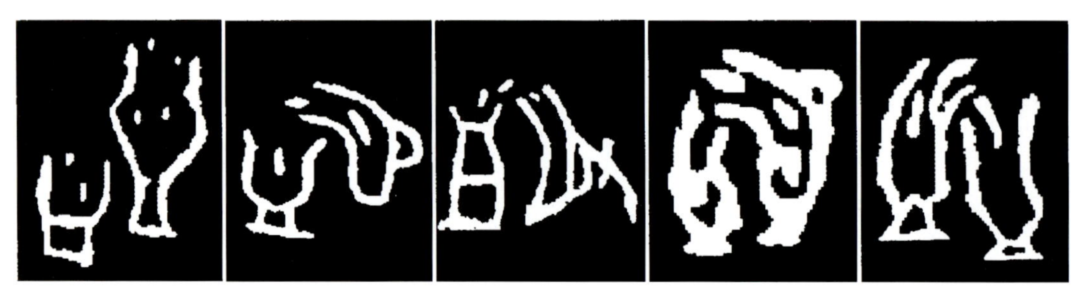

甲骨文“赐”字拓片

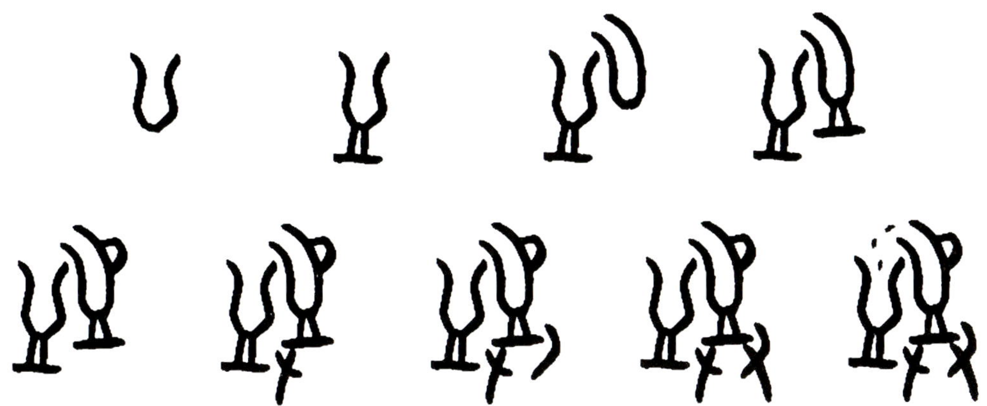

甲骨文“赐”字书写时，先写小一些的那个皿部，不要写得过于宽大；再写大一些的皿部。书写点画时注意其动势必须从大皿注入小皿，而不能相反。又部笔画必须在大皿之下，不能违背常理。线条强调浑朴凝重，结体要形象生动、自然多姿。

读一读

赐给、恩赐、赏赐、天赐良机、天赐之福。

拓展阅读

送长沙陈太守二首·其一

［唐］李白

长沙陈太守，逸气凌青松。
英主赐五马，本是天池龙。
湘水回九曲，衡山望五峰。
荣君按节去，不及远相从。

大自然赐予我们的五彩斑斓的花朵

赐福
（甲骨文书法）

不吝赐教
（甲骨文篆刻）

nüè
虐

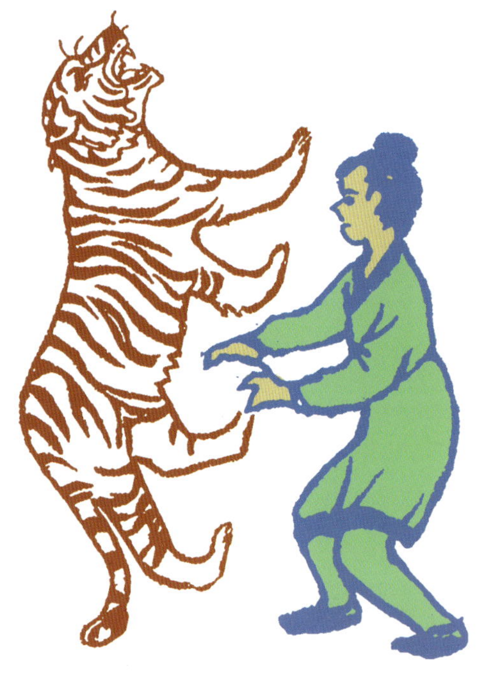

甲骨文“虐”字多种写法

甲骨文“虐”字拓片

甲骨文“虐”字，合体构形。从虎，像老虎之形；从人，像人侧立之形。可会虎扑咬人，表示残害之意。属会意字。

本义为虎噬人。后来也解释为残害、凶狠残暴等。

甲骨文“虐”字书写时，先写虎部笔画，再写人部笔画。注意人部可写得稍小一些。

读一读

虐待、虐杀、虐政、虐害、助纣为虐、暴虐无道、肆虐横行。

残虐不仁
（甲骨文书法）

拓展阅读

雪中寻梅

［宋］陆游

幽香淡淡影疏疏，雪虐风饕亦自如。
正是花中巢许辈，人间富贵不关渠。

洪水肆虐

不为虐
（甲骨文篆刻）

jìn
晋

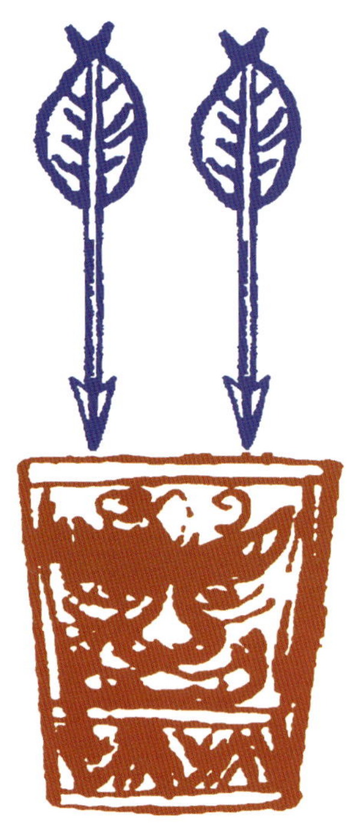

甲骨文“晋”字写法

甲骨文“晋”字，从二矢，像两支箭之形；从日，这里代表一器物之形，疑为盛矢器之变体。可会箭插进器中之意。属会意字。

本义指两矢进入器中。后来也解释为进、升、朝代名、山西省简称等。

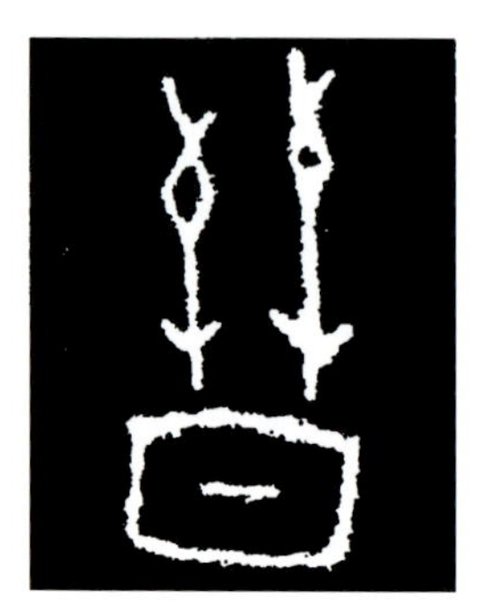

甲骨文“晋”字拓片

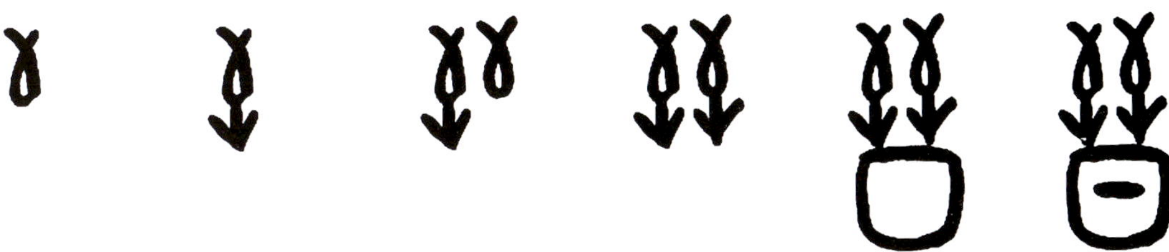

甲骨文“晋”字书写时，从左往右、从上至下顺序而书。

读一读

晋升、晋级、晋代、加官晋爵、朝梁暮晋。

拓展阅读

“秦晋之好”成语故事

春秋时期，秦国和晋国是相邻的两个国家，秦穆公即位之后，积极谋求与晋国修好，于是向晋献公提亲，晋献公将女儿伯姬嫁给秦穆公。几年后，晋国公子重耳流亡于各诸侯国，最终来到了秦国，秦穆公把宗女怀嬴嫁与他为妻，并帮助重耳回国成为晋国国君。之后，重耳让太子也娶秦国的宗女做夫人，父子两代都与秦国联姻。

这个成语后来被广泛用来形容两个国家之间的友好关系，特别是在政治和婚姻上的联盟。

秦晋之好
（甲骨文书法）

晋剧（国家级非物质文化遗产）

楚才晋用
（甲骨文篆刻）

nì

逆

甲骨文“逆”字多种写法

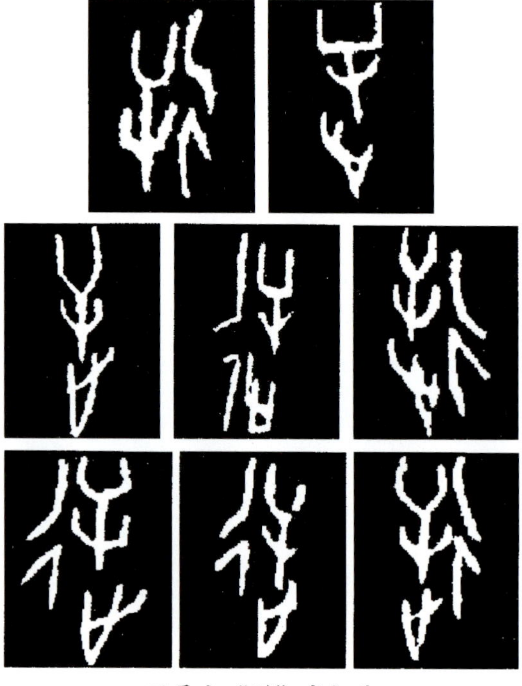

甲骨文“逆”字拓片

甲骨文“逆”字，从止，表示脚趾形；从彳（chì），表示道路、路口；从屰，像倒着的人形，表示来者。可会迎接来者之意。属象形会意字。

本义是迎接。后来也解释为回旋、抵触、不顺利等。

甲骨文“逆”字书写时，从上至下、从左往右顺序而书。

读一读

逆转、逆流、逆贼、逆光、倒行逆施、忠言逆耳、大逆不道、逆来顺受。

拓展阅读

顺天者存，逆天者亡——《孟子·离娄上》；

忠言逆耳利于行——《史记·留侯世家》；

学如逆水行舟，不进则退——《增广贤文》；

五岳虽高大，不逆垢与尘——《当欲游南行》。

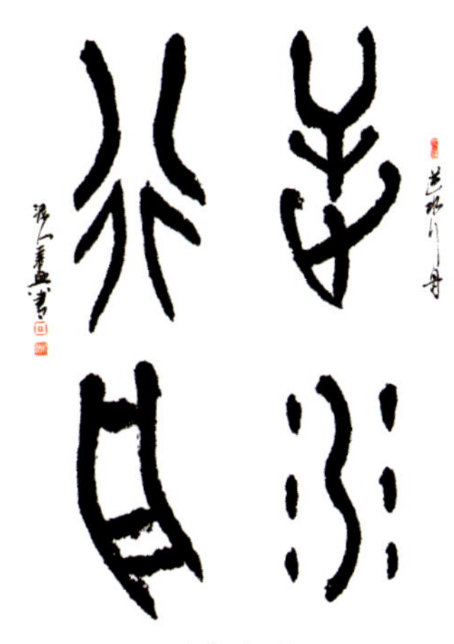

逆水行舟
（甲骨文书法）

逆流而上的鱼

莫逆之交
（甲骨文篆刻）

suān
酸

甲骨文“酸”字写法

甲骨文“酸”字，合体构形。从酉，像古代盛放液体的器皿；从夋，这里仅作标声。可会器皿内液体有醋味之意。属形声字。

本义为醋味。后来也解释为悲痛、疲劳乏力、迂腐等。

甲骨文“酸”字拓片

甲骨文“酸”字书写时，从左往右顺序而书。

读一读

酸楚、酸痛、心酸、发酸、酸甜苦辣、尖酸刻薄、透骨酸心、酸眉醋眼。

酸风酸雨
（甲骨文书法）

拓展阅读

绝 句

［宋］吴涛

游子春衫已试单，桃花飞尽野梅酸。
怪来一夜蛙声歇，又作东风十日寒。

云南酸角

辛酸
（甲骨文篆刻）

甲骨文“守”字写法

甲骨文“守”字，从宀，像房屋之形；从寸，像手之形；手旁边的指事符表示寸口处。可会在府寺内掌管值守之意。属会意字。

本义指掌管值守。可引申为护卫、保守、遵守、靠近等。

甲骨文“守”字拓片

甲骨文“守”字书写时，先写代表房屋的宀部笔画，再写寸部笔画。

读一读

守护、守法、守卫、守候、信守、玩忽职守、墨守成规、守口如瓶、守株待兔、守正不阿。

拓展阅读

留别王侍御维

［唐］孟浩然

寂寂竟何待，朝朝空自归。
欲寻芳草去，惜与故人违。
当路谁相假，知音世所稀。
只应守寂寞，还掩故园扉。

因循守旧
（甲骨文书法）

致敬守卫边疆的战士

安分守己
（甲骨文篆刻）

xián
咸

甲骨文“咸”字多种写法

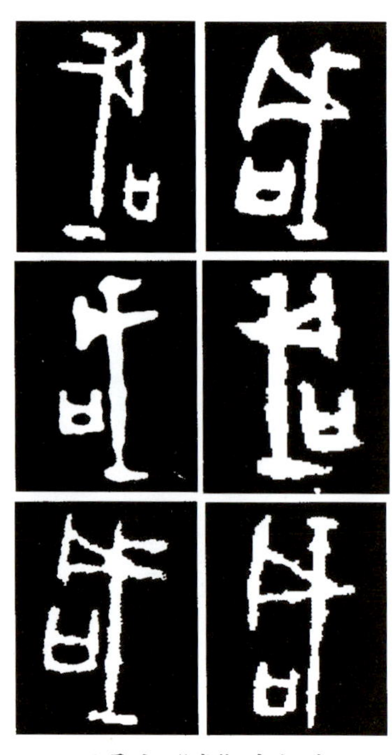

甲骨文“咸”字拓片

甲骨文“咸”字，从戌，像斧钺之形，以表示征战、讨伐之意；从口，像口之形，以表示喊杀声。可会征伐喊杀之意。属会意字。

本义指喊杀。后来也解释为普遍、全。

“鹹”字的本义为盐的味道，原与“咸”是不同的两个字，汉字简化后，用“咸”代替“鹹”。

甲骨文“咸”字书写时，先写戌部笔画，再写口部笔画。

读一读

咸淡、咸鱼、不咸不淡、咸嘴淡舌、咸与维新。

拓展阅读

“咸鱼翻身”成语故事

“咸鱼翻身”这个成语的起源，据说与梁启超的一个小故事有关。

梁启超十岁参加童子试时，有人提议以咸鱼为题作诗，咸鱼不雅，难以为诗，然而梁启超即吟出“太公垂钓后，胶鬲举盐初”两句，成功展示了他的才华，从而改变了咸鱼在文雅场合的形象。

这个成语被用来比喻本受轻视的人或物，时来运转，身价不同往昔。

微咸水湖——新疆赛里木湖

咸阳宫
（甲骨文书法）

老少咸宜
（甲骨文篆刻）

cí
辞

甲骨文“辞”字写法

甲骨文“辞”字，从糸，像束丝之形；从辛，像辛刀，原指古代一种刑具，这里作为梳丝的工具；从爪，像覆手之形。可会手持小刀整理、修治乱丝之意。属会意字。

本义是整理。后来解释为推托、解雇、告别等。

甲骨文“辞”字拓片

甲骨文“辞”字书写时，从上至下、从左往右顺序而书。

读一读

辞职、辞退、辞别、言辞、推辞、告辞、辞藻、辞谢、义正辞严、不辞辛劳、不辞而别。

拓展阅读

碛中作

［唐］岑参

走马西来欲到天，辞家见月两回圆。
今夜不知何处宿，平沙万里绝人烟。

辞旧迎新

辞行
（甲骨文书法）

义不容辞
（甲骨文篆刻）

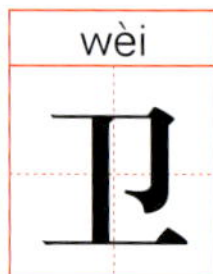

甲骨文“卫”字多种写法

甲骨文“卫”字，从彳或行，表示道路之形；从止，像脚形，一足至四足数量不等义无别；从口或方，表示城邑。可会众人环绕城池之意，表示卫兵围绕城邑巡逻。属会意字。

本义为保卫。后来也解释为担负保护任务的人员等。

甲骨文“卫”字拓片

甲骨文“卫”字书写时，从上至下、从左往右顺序而书。注意布白要匀称平稳，避免散乱。各部首参差错落，大小得宜，不要过于悬殊。用笔要方圆兼顾，不露痕迹。写法较多，可参照所附图例与拓片。

读一读

卫队、卫士、门卫、守卫、自卫、官官相卫、首尾相卫、精卫填海。

月球——地球的天然卫星

拓展阅读

“燕巢卫幕”成语故事

卫国的大夫孙文子得罪了晋献公，便居住在戚地。晋献公去世后还未安葬，孙文子就敲钟娱乐。延陵季子到晋国去奔丧路过戚地，听到这件事，说：“奇怪啊！你住在这里，就像燕子把巢筑到帷幕上一样危险，害怕还来不及呢，有什么可高兴的呢？国君还没安葬，可以这样娱乐吗？”后以“燕巢卫幕”比喻处境非常危险。

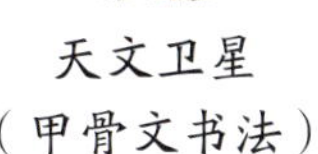

天文卫星

（甲骨文书法）

保家卫国

（甲骨文篆刻）

bì

婢

甲骨文“婢”字多种写法

甲骨文“婢”字，从妾，本像受过刑的有罪女子之形，后引申为头戴发饰的侧跪女子，这里作女奴之意，偏旁中从女从妾可通。从卑，本像手持护甲或扇形器具作执事之状，这里作标声。可会伺候人的女奴之意。属形声字。

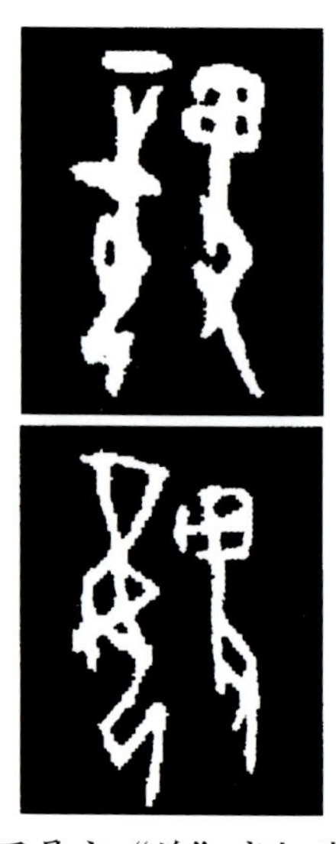

甲骨文“婢”字拓片

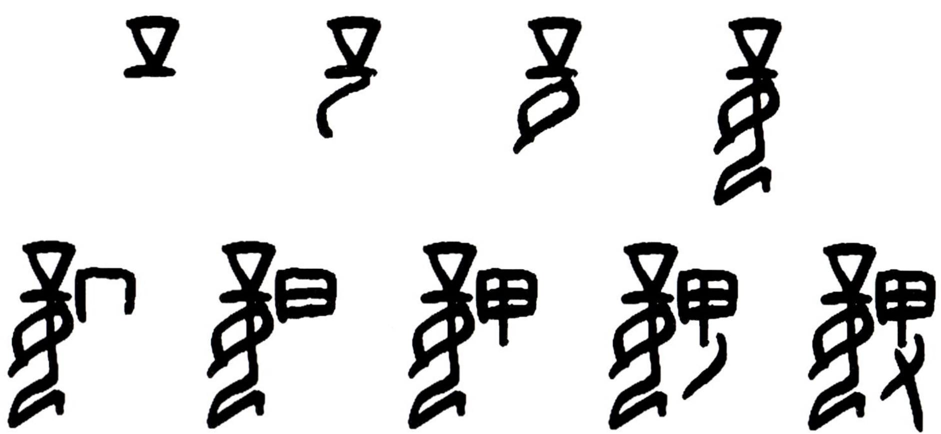

甲骨文“婢”字书写时，从左往右顺序而书。

读一读

婢女、婢子、婢仆、婢学夫人、奴颜婢膝。

腐婢（豆腐叶）

拓展阅读

自在（节选）

［唐］白居易

杲杲冬日光，明暖真可爱。
移榻向阳坐，拥裘仍解带。
小奴捶我足，小婢搔我背。
自问我为谁，胡然独安泰。

宫婢
（甲骨文书法）

燕婢
（甲骨文篆刻）

shǔ
蜀

甲骨文“蜀”字多种写法

甲骨文“蜀”字，像是一只突出眼睛的幼虫之形。从目（横写）从弧形，亦像蚕一样的虫。属象形字。

本义是指蛾类幼虫。后本义废，解释为周朝国名、朝代名、四川别称等。

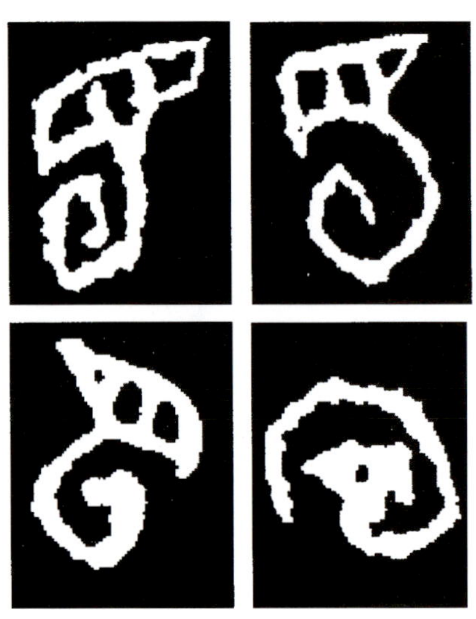
甲骨文“蜀”字拓片

甲骨文“蜀”字书写时，先写上方目部笔画，再写下方的曲画。注意用笔要起伏转换，锋随线转，随弯带弯，自然顺畅。

读一读

蜀道、蜀葵、蜀山、得陇望蜀、乐不思蜀。

拓展阅读

和令狐相公咏栀子花

［唐］刘禹锡

蜀国花已尽，越桃今已开。
色疑琼树倚，香似玉京来。
且赏同心处，那忧别叶催。
佳人如拟咏，何必待寒梅。

蜀绣（国家级非物质文化遗产）

巴山蜀水
（甲骨文书法）

蜀犬吠日
（甲骨文篆刻）

nú
奴

甲骨文“奴”字多种写法

甲骨文“奴”字，从女字反写，像一绑缚双手作侧跪之状的女子，有缀加又及带点者表示制服奴隶之状。双手在胸前为女，双手在背后即为奴字初形。古代因罪被俘获或被掠卖的人多沦为奴隶。属会意字。

本义指奴隶。后来也解释为役使、男女自称的词、蔑称等。

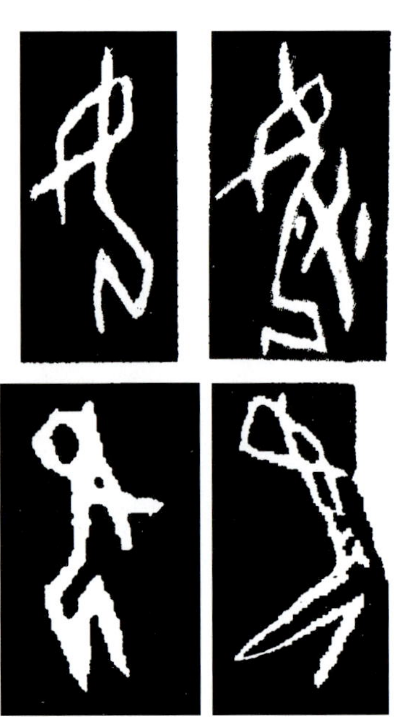

甲骨文“奴”字拓片

甲骨文“奴”字书写时，从上至下顺序而书。注意双手一定要交叉于背后，不要与甲骨文“女”字混淆。

读一读

奴才、奴相、奴仆、奴颜婢膝。

拓展阅读

十一月四日风雨大作二首

［宋］陆游

风卷江湖雨暗村，四山声作海涛翻。
溪柴火软蛮毡暖，我与狸奴不出门。

僵卧孤村不自哀，尚思为国戍轮台。
夜阑卧听风吹雨，铁马冰河入梦来。

亡国奴
（甲骨文书法）

昆仑奴形镇

农奴
（甲骨文篆刻）

hú
壶

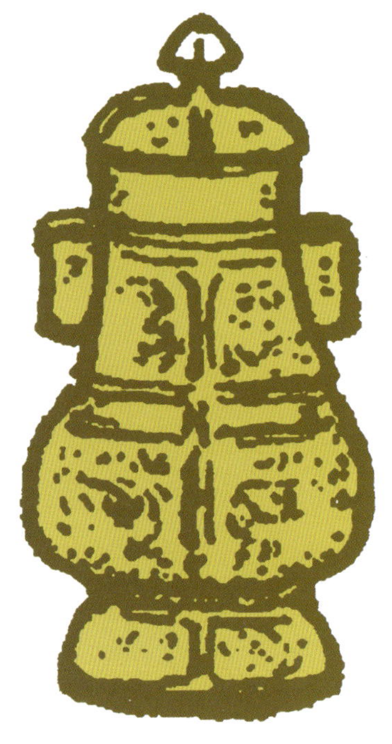

甲骨文“壶”字多种写法

甲骨文“壶”字，像是一个酒壶形，上有盖，旁有两耳，中为鼓腹，腹上有环纹，下有圈足，有的还带有提梁。属象形字。

本义指酒壶。可引申为盛液体的器皿等。

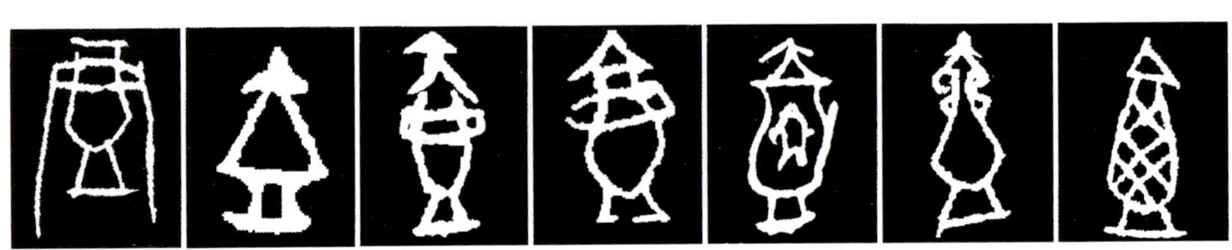

甲骨文“壶”字拓片

甲骨文“壶”字书写时，从上至下、从外向里顺序而书。

读一读

水壶、投壶、喷壶、悬壶行医、悬壶问世、冰壶秋月、壶天日月、哪壶不开提哪壶。

鼎内龙降虎　壶中龟遣蛇
（甲骨文书法）

拓展阅读

月下独酌四首·其一

［唐］李白

花间一壶酒，独酌无相亲。
举杯邀明月，对影成三人。
月既不解饮，影徒随我身。
暂伴月将影，行乐须及春。
我歌月徘徊，我舞影零乱。
醒时同交欢，醉后各分散。
永结无情游，相期邈云汉。

内画鼻烟壶（传统手工艺品）

一片冰心在玉壶
（甲骨文篆刻）

cì
刺

其他读音：cī

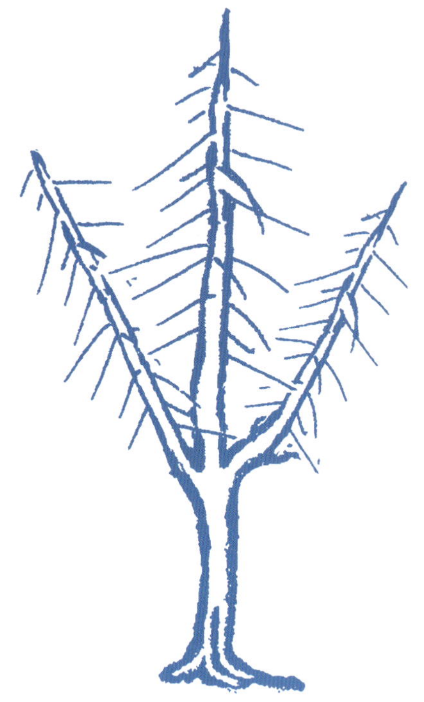

甲骨文“朿”（刺）字多种写法

甲骨文“朿”是“刺”的本字，上部像针刺状，下面是树木形。像是有刺之木。属象形字。

“朿”同“刺”，本义是指带刺之木。“刺”后来也解释为暗杀、讥讽、侦察、名片等。

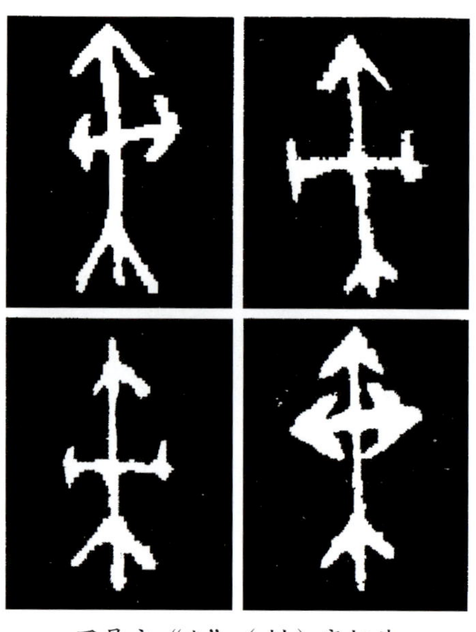

甲骨文“朿”（刺）字拓片

书写时，先写主竖画，再写主横画。定位性的竖、横写好后，再从上至下写箭头、斜画以及点画等其他笔画。写法较多，可参照所附图例与拓片。

读一读

刺耳、刺眼、刺伤、刺骨、讽刺、刺（cī）啦、芒刺在背、悬梁刺股、刺心切骨、寒风刺骨。

心如刀刺
（甲骨文书法）

拓展阅读

“引锥刺股”成语故事

战国时期，苏秦是一位著名的纵横家，因游说失败而遭受极大的羞辱，于是发奋读书，每当夜晚读书疲倦想要睡觉时，他就用锥子刺自己的大腿，以保持清醒和学习的动力。最终，苏秦成功地游说六国联合起来抵抗秦国，成为了一名杰出的政治家和军事家。这个成语用来形容学习勤奋刻苦。

刺绣

肉中刺
（甲骨文篆刻）

mèi
魅

甲骨文“魅”字多种写法

甲骨文“魅”通“鬽”字，从鬼，像人戴面具之形，表示非人面而似鬼之意；从彡（shān），像鬼的毛发之形。“鬽”即指长有毛发的鬼头精怪。属象形字。

本义为精怪。后来也解释为诱惑等。

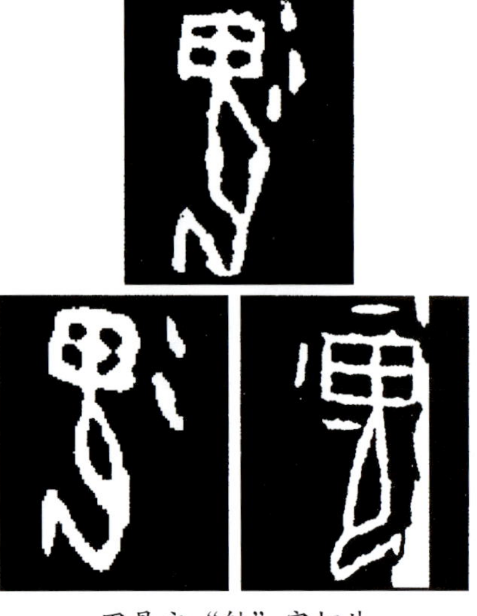

甲骨文“魅”字拓片

甲骨文“魅”字书写时，先写上方田部笔画，再写下面侧跪之人的笔画，最后写代表毛发的点画。

读一读

魅力、魅惑、鬼魅、邪魅、百鬼众魅、鬼魅伎俩。

拓展阅读

“魑魅魍魉”原为古代传说中的鬼怪，也用来比喻现实中的坏人。

传说，黄帝与蚩尤大战于涿鹿，蚩尤长得奇形怪状，人身牛蹄，四目六首，头上还长着角，耳朵边毛发直竖。蚩尤的弟兄们也都是铜头铁额，兽身人语。他手下还有魑、魅、魍魉等妖魔鬼怪。据说魑是一种外貌丑陋无比的山精妖怪，体型庞大；魅是一种山林中的树怪，经常打扮成美人的模样迷惑人；“魍魉”为水中精怪，外形如三岁小儿，色赤黑，目赤、耳长。

人格魅力
（甲骨文书法）

独具魅力的象鼻山

魅力四射
（甲骨文篆刻）

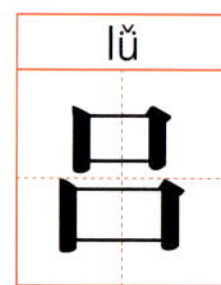

甲骨文“吕”字多种写法

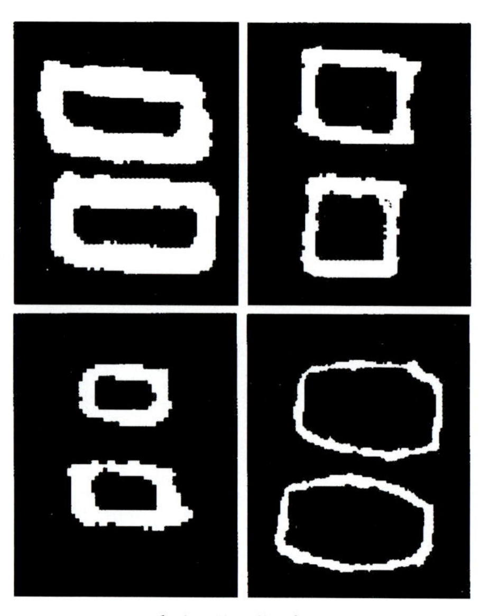

甲骨文“吕”字拓片

甲骨文“吕”字，从上下二口，像古人居室的门、窗之形。远古的房屋，先在地基上筑起围墙，上面再盖上圆锥形屋顶，然后在围墙中部开门，在屋顶斜面上开窗。“吕”正是上窗与下门之形。属象形字。

本义为圆形宫室。后本义废，现在作姓氏等。

甲骨文“吕”字书写时，从上至下顺序而书。

读一读

吕剧、吕翁、吕律、张三吕四。

拓展阅读

“九鼎大吕”成语故事

战国时，秦攻赵，赵相平原君的食客毛遂自告奋勇提出要去楚国。到楚国后，他用巧言说服了楚王。楚赵结立联盟，共同御秦。平原君回到赵国后感慨地说：“毛先生一至楚，使赵重于九鼎大吕，毛先生以三寸之舌，强于百万之师。”

“九鼎大吕”的意思是比喻说的话力量大，分量重。九鼎：古传说，夏禹铸九鼎，象征九州，是夏商周三代的传国之宝；大吕：周庙大钟。

吕氏春秋
（甲骨文书法）

吕宋鸡鸠

黄钟大吕
（甲骨文篆刻）

sì
祀

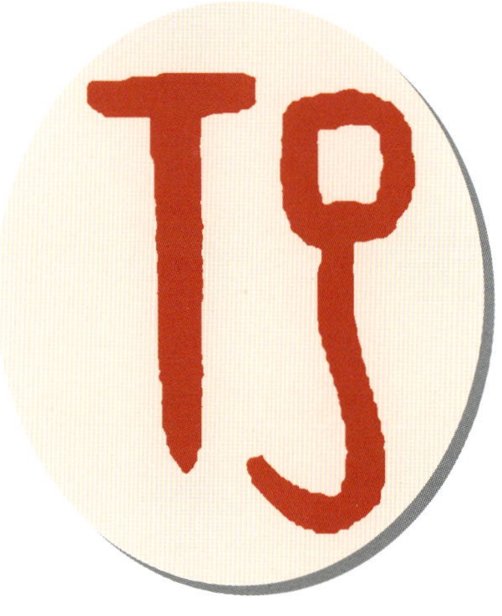

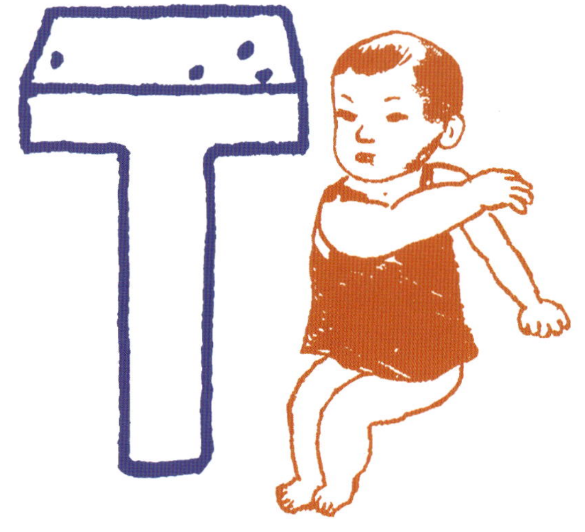

甲骨文“祀”字多种写法

甲骨文“祀”字，从巳，初为“子”，象征神主小儿，后为与“子”有所区别，将“子”省形，下画稍作弯曲，似跪坐之状，以专用为祭祀之“巳”，兼表声。另加义符“示”，可会在神前祭祀、祈祷之意。属会意字。意思是祭祀祈祷。

甲骨文“祀”字拓片

甲骨文“祀”字书写时，从左往右顺序而书。写法较多，可参照所附图例与拓片。

读一读

祀场、祀年、祀礼、祀天、祀典。

祀山川
（甲骨文书法）

拓展阅读

社日雨

［宋］宋度宗

风催社日雨霏雾，处处鸡豚乐祀神。
见说丰年于此卜，不妨垫湿社翁巾。

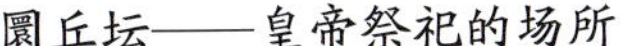
圜丘坛——皇帝祭祀的场所

祀祖
（甲骨文篆刻）

yǔn
允

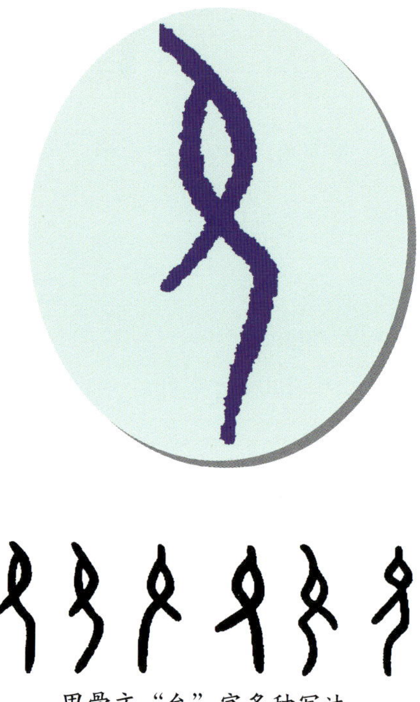

甲骨文“允”字多种写法

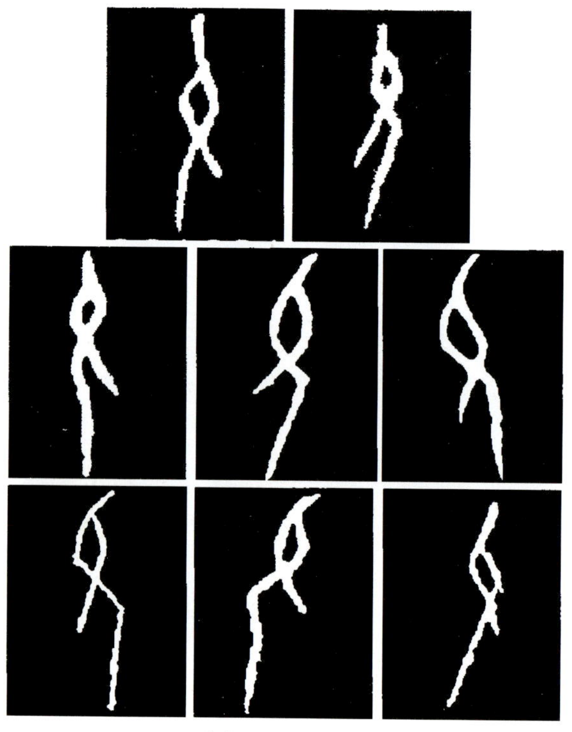

甲骨文“允”字拓片

甲骨文“允”字，像是头大身肥、弓身侧立作点头允诺之状的人形。属象形字。

本义是指允诺。后来也解释为公平、恰当等。

甲骨文“允”字书写时，先写右边曲画，再写与其相合的长曲画。写法较多，可参照所附图例与拓片。

读一读

允诺、允许、允准、应允、公允、允执其中。

拓展阅读

“允恭克让”成语出处

尧是我国原始社会后期炎黄部落联盟的领袖，史称帝尧。不论哪朝哪代，对尧帝的评价都极高。《尚书·尧典》中这样形容尧帝的德行：“允恭克让，光被四表，格于上下……”意思是：帝尧诚信恭敬，又能礼让贤能，光辉照耀四方，以至于天上地下。

未经允许禁止行为标志

允文允武
（甲骨文篆刻）

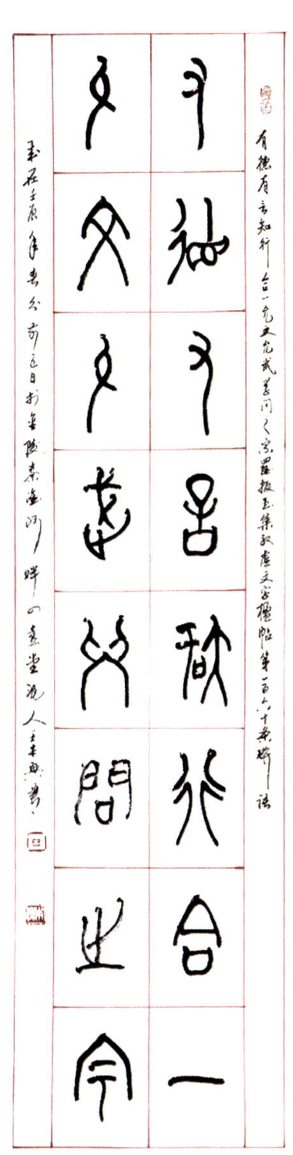

有德有言知行合一
允文允武学问之宗
（甲骨文书法）